EDCO
IRISH
REVISE WISE

JUNIOR CERTIFICATE HIGHER LEVEL

Muireann O'Connell

Edco
The Educational Company of Ireland

An Chéad Chló 2006
An Comhlacht Oideachais
Bóthar Bhaile an Aird
Baile Uailcín
BÁC 12

Aonad trádála den ghrúpa Smurfit Kappa

© Muireann O'Connell 2010

Clóbhuailte, Samhain 2010

ISBN: 9781845361617

Leagan amach:	Cleary Graphic Design
Dearadh clúdaigh:	Combined Media
Grianghraf clúdaigh:	Manuel Valesco
Léaráidí:	Duo Design
Grianghraif:	Corbis, Imagefile, musicpictures.com, Shutterstock
Léitheoirí profaí:	Dorothy Ní Uigín, Niall Ó Murchadha
Eagarthóir:	Fionnuala Ní Mhuirí

Cóipcheart: Gabhaimid buíochas leo seo a leanas a thug cead dúinn ábhar ar leo an cóipcheart ann a atáirgeadh: Mícheál Ó Ruairc; Áine Ní Ghlinn; Seán Ó Leocháin / An Clóchomhar; 'Na Blátha Craige' le Liam Ó Flaithearta (Cóipcheart © Liam Ó Flaithearta 1950) á athúsáid le caoinchead PFD (www.pfd.co.uk) ar son Liam Ó Flaithearta; Póilín Ní Náraigh; Mícheál Ó Conghaile; Yvonne O'Toole; Corbis, Imagefile, musicpictures.com

Rinne na foilsitheoirí a ndícheall teacht ar úinéirí cóipcirt; beidh siad sásta na gnáthshocruithe a dhéanamh le haon duine eile acu a dhéanann teagmháil leo.

Contents

Réamhrá (Introduction)	**1**	
Paper 1	1	☐
Paper 2	1	☐
How this book can help you	1	☐

Revised

Paper 1

150 marks

1. Cluastuiscint (Listening comprehension)	**2**		
Exam guidelines	2	☐	
Exam layout	2	☐	*Revised*
Vocabulary to learn	3	☐	

40 marks

2. Léamhthuiscint (Reading comprehension)	**10**		
Exam guidelines	10	☐	
Vocabulary to learn	11	☐	*Revised*
Past exam questions & sample comprehensions	12	☐	

40 marks

3. Trialacha teanga comhthéacsúla (Contextual grammar questions)	**26**		
Exam guidelines	26	☐	
Grammar points & exercises	27	☐	*Revised*
Past exam question	61	☐	

20 marks

4. Ceapadóireacht (Composition)	**62**		
An scéal (the story)	62	☐	
Exam guidelines	62	☐	
Past exam questions	63	☐	
Vocabulary to learn	64	☐	
Sample answers & exercises	67	☐	
An aiste (the essay)	91	☐	
An díospóireacht (the debate)	91	☐	*Revised*
An t-alt (the article)	91	☐	
Exam guidelines	91	☐	
Past exam questions	92	☐	
Vocabulary to learn	94	☐	
Sample answers & exercises	97	☐	

50 marks

90 marks **Paper 2**

1. Prós (Prose)		**115**
Exam guidelines	115	☐
Vocabulary to learn	116	☐
Unseen prose	119	☐
Studied prose	125	☐
Past exam questions	125	☐
2. Filíocht (Poetry)		**133**
Exam guidelines	133	☐
Unseen poetry	134	☐
Studied poetry	141	☐
Past exam questions	141	☐
3. An litir (the letter)		**148**
Exam guidelines	148	☐
Past exam questions	149	☐
An Litir Phearsanta (the personal letter)	151	☐
An Litir Fhoirmiúil (the formal letter)	168	☐
Sample answers & exercises	171	☐
Plean Staidéir		**179**

30 marks (Prós) — Revised
30 marks (Filíocht) — Revised
30 marks (An litir) — Revised

Réamhrá

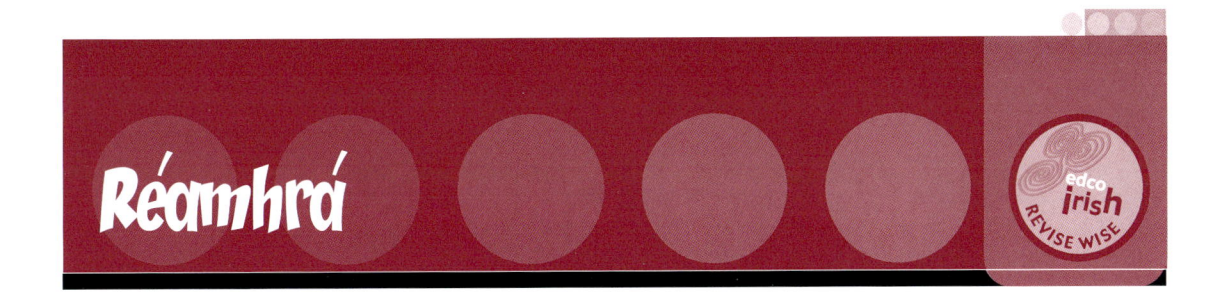

This Revision Guide deals with each aspect of the Junior Certificate Higher Level Irish examination. There are two parts to this exam:

(i) **Paper 1** (which now includes a listening comprehension worth 40 marks)
(ii) **Paper 2**

Paper 1	= 150 marks
Paper 2	= 90 marks
Total	**240 marks**

Each section of the exam is dealt with separately:
- Cluastuiscint
- Léamhthuiscint
- Gramadach
- Ceapadóireacht
- Prós
- Filíocht
- An Litir

Exam guidelines are laid out clearly at the start of each chapter including the format of the question, allocation of marks and time needed per question. Throughout each chapter you are given tips on how best to answer the questions, as well as lots of useful vocabulary and phrases to learn. You should study worked examples from past exam papers and practise the sample exercises provided.

This book is designed to enable you to work on your own, build on what you already know and therefore improve your grade.

The Revision Guide is part of a comprehensive series of Edco Revision Guides for all subjects for both Ordinary and Higher Level, Junior and Leaving Certificate.

Tá súil agam go mbainfidh sibh taitneamh as an leabhar seo.

Ádh mór oraibh sa scrúdú!

Muireann O' Connell

JUNIOR CERTIFICATE IRISH HIGHER LEVEL

Paper 1
Section 1: Cluastuiscint

Exam Guidelines

- Answer in Irish. There are no marks for English answers unless English words were used on the CD (the name of a play, person, etc).
- Read the questions carefully. Underline the question word (cad?, cathain?, cé?) at the start, this will help you focus on what is being asked and what you need to listen out for.
- Don't leave any blanks – even if you don't know the answer, guess!
- Keep up with the CD – if you miss a question, leave it and move on.
- Write your answers in pencil, this will keep your work neater and you can rub out any mistakes.
- Don't panic! You will have lots of time to read the questions and write your answers so try to keep as calm as possible.
- The listening comprehension is worth 40 out of 240 marks and will last approximately 20 minutes.

Exam layout

The listening comprehension is now at the very beginning of the exam. There are 3 sections - A, B & C.

Section A

Two young people talk about themselves. You will hear each person **twice**.

Section B

A notice (fógra) and a news item (píosa nuachta) will be played. You will hear each piece **twice**.

Section C

Two conversations (comhrá) will be played. You will hear each piece **twice**.

Vocabulary to learn

The vocabulary in the tables below comes up again and again.

Foclóir

Cad is ainm dó / di?	What's his / her name?
Cén t-ainm atá ar…?	What is the name of…?
Cárb as dó / di?	Where is he / she from?
Cá bhfuil siad ina gcónaí?	Where are they living?
Cá bhfuil cónaí air / uirthi?	Where does he / she live?
Áit dhúchais	Native place
Cár rugadh í / é?	Where was she / he born?
Cén contae?	What county?
Cén aois é / í?	What age is he / she?
Cén tslí bheatha / ghairm bheatha / post atá ag a tuismitheoirí?	What is the occupation of her parents?
Deartháir / deirfiúr / athair / máthair	Brother / sister / father / mother
Ainmnigh	Name
Luaigh	Mention
Déan cur síos	Describe
Breac síos pointe amháin eolais	Give one point of information
Cén airde?	What height?
Cathain? / Cén uair?	When?
Cén?	Which?
Céard? / Cad?	What?
Cé mhéad? / An mó?	How much?
Cad ba mhaith leis a dhéanamh?	What would he like to do?
Cén fáth? Cad chuige?	Why?
Cad faoi?	About what?
Ar fáil	Available
Ar siúl	Taking place
Cá? / Cén áit?	Where?
Cén t-am?	What time?
Clár / nuachtán / albam / iris	Programme / newspaper / album / magazine

Foclóir

Cén sórt? / Cén saghas? / Cén cineál?	What type?
Leasainm	A nickname
Aimsir	Weather
Conas? / Cén chaoi?	How?
Taithí	Experience
Cá fhad?	What distance?
Tréith	A trait
Cad a tharlóidh?	What will happen?
Socruithe	Arrangements
Cinneadh	Decision

Foclóir

Laethanta na seachtaine	Days of the week
An Luan	Monday
An Mháirt	Tuesday
An Chéadaoin	Wednesday
An Déardaoin	Thursday
An Aoine	Friday
An Satharn	Saturday
An Domhnach	Sunday

Na Míonna	The months
Eanáir	January
Feabhra	February
Márta	March
Aibreán	April
Bealtaine	May
Meitheamh	June
Iúil	July
Lúnasa	August
Meán Fómhair	September
Deireadh Fómhair	October
Mí na Samhna	November
Mí na Nollag	December

Foclóir

Na Contaetha	The counties
Aontroim	Antrim
Ard Mhacha	Armagh
Baile Átha Cliath	Dublin
An Cabhán	Cavan
Ceatharlach	Carlow
Ciarraí	Kerry
Cill Chainnigh	Kilkenny
Cill Dara	Kildare
Cill Mhantáin	Wicklow
An Clár	Clare
Corcaigh	Cork
Doire	Derry
An Dún	Down
Dún na nGall	Donegal
Fear Manach	Fermanagh
Gaillimh	Galway
An Iarmhí	Westmeath
Laois	Laois
Liatroim	Leitrim
Loch Garman	Wexford
An Longfort	Longford
Lú	Louth
Luimneach	Limerick
Maigh Eo	Mayo
An Mhí	Meath
Muineachán	Monaghan
Port Láirge	Waterford
Ros Comáin	Roscommon
Sligeach	Sligo
Tiobraid Árann	Tipperary
Tír Eoghain	Tyrone
Uíbh Fhailí	Offaly

Tíortha	Countries
Éire	Ireland
Sasana	England
An Bhreatain Bheag	Wales
Albain	Scotland
An Fhrainc	France
An Ghearmáin	Germany
An Bheilg	Belgium
An Ghréig	Greece

Foclóir

An Eilvéis	Switzerland
An Iodáil	Italy
An Ísiltír	The Netherlands / Holland
An Phortaingéil	Portugal
An Spáinn	Spain
An Iorua	Norway
An tSualainn	Sweden
An Danmhairg	Denmark
An Rómáin	Romania
An Pholainn	Poland
An tSín	China
An tSeapáin	Japan
Na Stáit Aontaithe / Meiriceá	The United States / America
An Scoil	**School**
Bunscoil / Meánscoil / Pobalscoil / Gairmscoil / Ollscoil	Primary / Secondary / Community / Technical school / University
Ag freastal ar	Attending
Ábhair scoile	School subjects
Gaeilge	Irish
Béarla	English
Fraincis	French
Gearmáinis	German
Spáinnis	Spanish
Iodáilis	Italian
Mata	Maths
Stair	History
Tíreolaíocht	Geography
Eolaíocht	Science
Creideamh	Religion
Oideachas Saoránach Sóisialta Polaitiúil (OSSP)	CSPE
Eacnamaíocht Bhaile / Tíos	Home Economics
Gnó	Business
Corpoideachas	PE
Ealaín	Art
Drámaíocht	Drama
Ríomhairí	Computers
An Príomhoide	The Principal
Rúnaí na scoile	The school secretary
Halla na scoile	The school hall
Bialann	Restaurant
Páirc imeartha	The playing pitch
Na háiseanna	The facilities

Foclóir

Caithimh Aimsire & Spórt	Hobbies & Sport
Ag éisteacht le dlúthdhioscaí	Listening to CDs
Ag seinm ceoil	Playing music
Banna ceoil	A band
Pianó / giotár / feadóg stáin / veidhlín / fidil / cláirseach	Piano / guitar / tin whistle / violin / fiddle / harp
Amhránaí	A singer
Ceol Gaelach / traidisiúnta	Traditional music
Léitheoireacht	Reading
Úrscéalta / gearrscéalta	Novels / short stories
An leabharlann	The library
Ag féachaint ar an teilifís	Watching TV
Scannán	A film
An phictiúrlann	The cinema
Ag imirt cártaí	Playing cards
Ag bailiú stampaí	Collecting stamps
Ag cócaráil	Cooking
Drámaíocht	Drama
Ag imirt cluichí ríomhaire	Playing computer games
Peil Ghaelach	Gaelic football
Sacar	Soccer
Rugbaí	Rugby
Cispheil	Basketball
Eitpheil	Volleyball
Iománaíocht	Hurling
Camógaíocht	Camogie
Cluiche	A match
Imreoir	A player
Foireann	A team
Réiteoir	A referee
Cluiche ceannais	A final
Craobh na hÉireann	The All-Ireland
Corn an Domhain	The World Cup
Na Cluichí Oilimpeacha	The Olympic Games
An bua	Victory
Cothrom na Féinne	Fair play

Poist / Gairm bheatha / Slite beatha	Jobs / Occupations
Siopadóir	A shopkeeper
Búistéir	A butcher
Dochtúir	A doctor
Feirmeoir	A farmer
Garda	A guard

Foclóir

Meicneoir	A mechanic
Múinteoir	A teacher
Leabharlannaí	A librarian
Gruagaire	A hairdresser
Poitigéir	A pharmacist
Cléireach bainc	A bank clerk
Siúinéir	A carpenter
Leictreoir	An electrician
Rúnaí	A secretary
Bainisteoir	A manager
Cuntasóir	An accountant
Pluiméir	A plumber
Aturnae	A solicitor
Abhcóide	A barrister
Oibrí monarchan	A factory worker
Innealtóir	An engineer
Altra	A nurse
Dífhostaithe	Unemployed
Cáilíochtaí	Qualifications
Foirm iarratais	An application form
Agallamh	An interview

Na Meáin Chumarsáide	The Media
Clár raidió	A radio programme
Clár teilifíse	A TV programme
Craoltóir	A broadcaster
Ag cur cláir i láthair	Presenting a programme
Láithreoir	A presenter
Stiúrthóir	A director
Fógraíocht	Advertising
Ceadúnas	A licence
Áitiúil	Local
Raidió na Gaeltachta	Raidió na Gaeltachta
Raidió na Life	Raidió na Life
TG4	TG4
Sraith	A series
Irisí	Magazines
Nuachtáin	Newspapers
Foinse	An Irish language newspaper
Gael Linn	An Irish language organisation
Cearnóg Mhuirfean	Merrion Square

Foclóir

An t-am	The time
Inné / arú inné	Yesterday / the day before yesterday
Amárach / arú amárach	Tomorrow / the day after tomorrow
An lá dár gcionn / lá arna mhárach	The following day
An tseachtain seo chugainn	Next week
An tseachtain seo caite	Last week
Anuraidh / an bhliain seo caite	Last year
I gceann bliana	In a year's time

An aimsir	The weather
An t-earrach / An samhradh / An fómhar / An geimhreadh	spring / summer / autumn / winter
Réamhaisnéis na haimsire	The weather forecast
Stoirmiúil / tintreach agus toirneach / gaofar	Stormy / thunder and lightning / windy
Leac oighir / sioc / sioc talún / ceo	Ice / frost / ground frost / fog
Tréimhsí gréine	Sunny spells
Ceathanna	Showers
Scamallach	Cloudy

Key Points to Remember

- **Stay calm:** don't panic if you miss something, leave it for a while and keep up with the CD.
- **No English please!** You will not gain any marks for answering in English, even if you are correct!
- **Read the questions first:** this will keep you focused on what you're listening for.

Section 2: Léamhthuiscint

Exam Guidelines

- There are 2 reading comprehensions on Paper 1 of your exam – A & B. They are worth 20 marks each.

- The first comprehension (A) requires you to answer 5 questions (some will be in 2 parts).

- The second comprehension (B) is similar to A but the format of the last 2 questions is different. The following type of question will be asked: **Cén t-alt sa sliocht a dtagraíonn an abairt seo a leanas dó?** *(Which paragraph in the above passage does the following sentence refer to?)* A sentence will be given to sum up the ideas in one of the paragraphs and you must tick the paragraph to which it refers.

- **Read all of the questions before reading the piece.** Does the title or a picture give you any further clues as to what the piece is about?

- **Do not take whole paragraphs as your answer.** You may take the answer from the piece but it's always wise to try and put in a few of your own words.

- When asked for your opinion, keep your sentences short and to the point. Remember, the more complicated your sentence is, the more mistakes you're likely to make!

- **Try not to leave any question unanswered** – make an educated guess!

- Keep a notebook of new vocabulary during the year – you'll be surprised at how often the same words come up.

- Spend about 30 minutes on this question.

Vocabulary to learn

Before you can even think about looking for answers, you must make sure that you know what the question means.

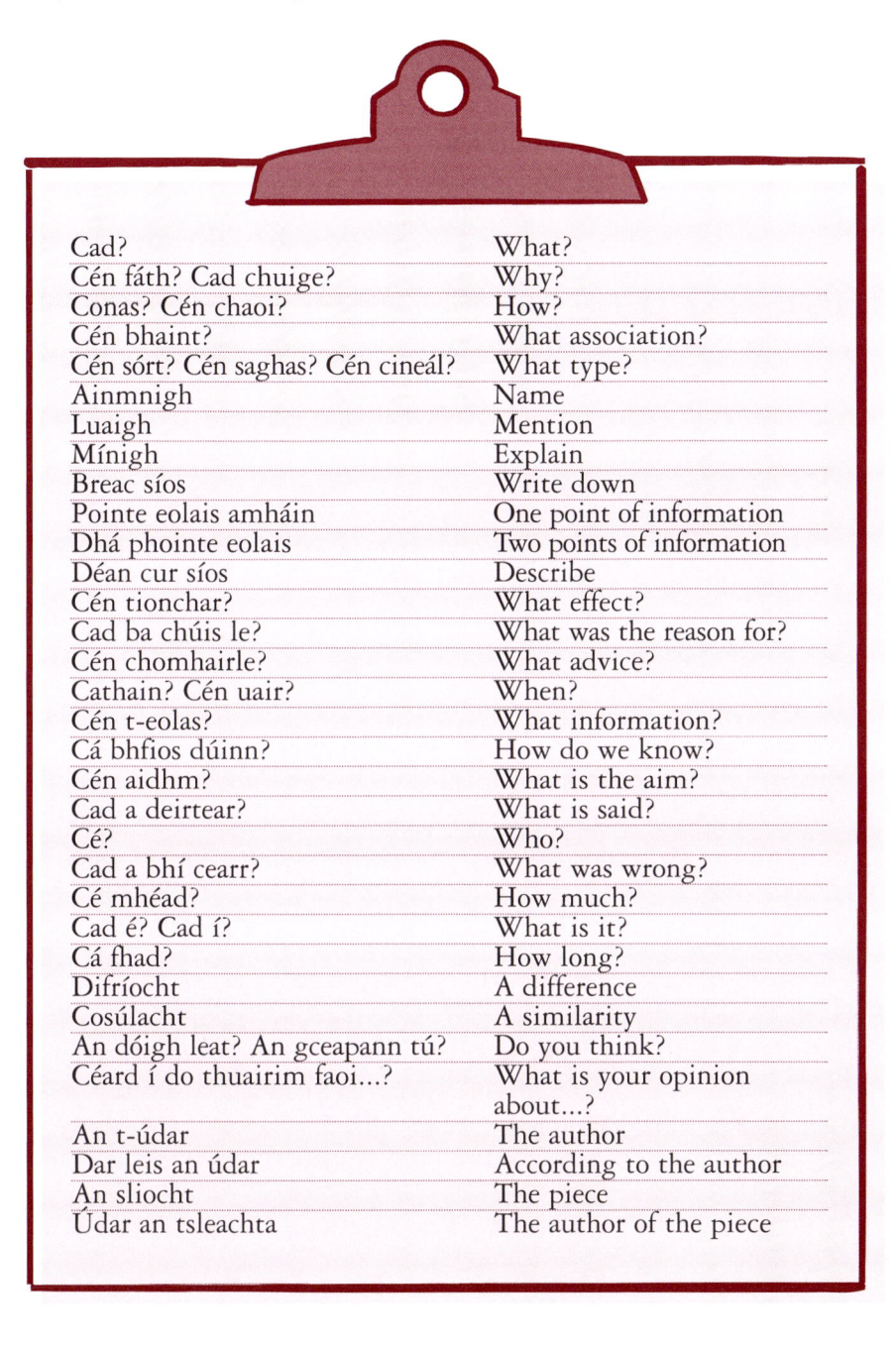

Cad?	What?
Cén fáth? Cad chuige?	Why?
Conas? Cén chaoi?	How?
Cén bhaint?	What association?
Cén sórt? Cén saghas? Cén cineál?	What type?
Ainmnigh	Name
Luaigh	Mention
Mínigh	Explain
Breac síos	Write down
Pointe eolais amháin	One point of information
Dhá phointe eolais	Two points of information
Déan cur síos	Describe
Cén tionchar?	What effect?
Cad ba chúis le?	What was the reason for?
Cén chomhairle?	What advice?
Cathain? Cén uair?	When?
Cén t-eolas?	What information?
Cá bhfios dúinn?	How do we know?
Cén aidhm?	What is the aim?
Cad a deirtear?	What is said?
Cé?	Who?
Cad a bhí cearr?	What was wrong?
Cé mhéad?	How much?
Cad é? Cad í?	What is it?
Cá fhad?	How long?
Difríocht	A difference
Cosúlacht	A similarity
An dóigh leat? An gceapann tú?	Do you think?
Céard í do thuairim faoi…?	What is your opinion about…?
An t-údar	The author
Dar leis an údar	According to the author
An sliocht	The piece
Údar an tsleachta	The author of the piece

Worked Example – Junior Certificate 2010

A. Seó Tallainne na hÉireann   20 marc

1. Tá Seó Tallainne na hÉireann ar an bhfód anois le dhá bhliain anuas. Is í Gráinne Seoige a chuireann an seó i láthair. Freastalaíonn an seó ar shean agus ar óg. Is cinnte gur seó ilghnéitheach é mar glactar le hamhránaíocht ar an sean-nós, rince ar an sean-nós, hip hop, bailéid, roc, coiméide, amhráin tíre, gleacaíocht agus ceoldrámaí gan ach roinnt de na gníomhartha a lua.

2. Roinntear an tír ina cúig réigiún. Tá cúigear moltóirí ann, Shane Lynch, Bláthnaid Ní Chofaigh, Dana, John Creedon agus Dáithí Ó Sé. Bíonn trialacha ar siúl i ngach réigiún i rith mhí Lúnasa agus mhí Mheán Fómhair chun na hiomaitheoirí is fearr a roghnú. Má bhíonn gá le ceol sa chúlra nó frapaí d'aon saghas bíonn ar gach iomaitheoir iad a bhreith leis nó léi.

3. Tá lucht féachana ollmhór ag Seó Tallainne na hÉireann. Féachann thart ar 600,000 duine ar an gclár seo go rialta. Ní haon ábhar iontais é seo toisc go mbíonn dianchoimhlint idir na hiomaitheoirí, na moltóirí agus na ceantair éagsúla. Thar aon rud eile, tá an clár seo bunaithe ar bhród as d'áit dúchais féin.

4. Bíonn ceiliúradh ann nuair a éiríonn le hiomaitheoir dul ar aghaidh go dtí an chéad bhabhta eile. Titeann na deora go faíoch, áfach, nuair a theipeann ar iomaitheoir dul ar aghaidh. Is triúr deartháireacha as Inis Mór, Oileáin Árann, na Maolchiaráin, a bhuaigh an comórtas anuraidh. Bhí an ceol traidisiúnta agus an rince ar an sean-nós go smior iontu. Is í Chloe Coyle, cailín óg a bhfuil glór draíochtach aici, a bhuaigh i mbliana.

5. Tá blas Éireannach ar an seó seo. Níl sé cosúil le X Factor ná American Idol. Tá na hiomaitheoirí ag brath cuid mhór ar an tacaíocht áitiúil. Deirtear go bhfuil go leor cosúlachtaí idir Seó Tallainne na hÉireann agus na comórtais a ritheann an Cumann Lúthchleas Gael. Tosaíonn Seó Tallainne na hÉireann go háitiúil agus críochnaíonn sé le Craobh na hÉireann.

Ceisteanna

1. (a) **Cé** a chuireann Seó Tallainne na hÉireann i láthair?
   Cuireann Gráinne Seoige an seó i láthair.

   (b) **Luaigh dhá** chineál gníomhartha a léiríonn gur seó ilghnéitheach é Seó Tallainne na hÉireann.
   Glactar le hamhránaíocht ar an sean-nós agus rince ar an sean-nós, hip hop, bailéid, roc, coiméide, amhráin tíre, gleacaíocht agus ceoldrámaí.
   (Any 2 of these is sufficient for your answer)

2. (a) **Cén aidhm** atá leis na trialacha réigiúnacha?
   Bíonn trialacha ann chun na hiomaitheoirí is fearr a roghnú.

   (b) **Cé** a chuireann ceol sa chúlra nó frápaí ar fail?
   Má bhíonn gá le ceol sa chúlra nó frápaí bíonn ar gach iomaitheoir iad a thabhairt leis nó léi.

3. **Luaigh dhá chúis** a bhfuil lucht féachana ollmhór ag Seó Tallainne na hÉireann.
   Tá lucht féachana ollmhór ag an seó mar go mbíonn dianchoimhlint idir na hiomaitheoirí, na moltóirí agus na ceantair éagsúla agus chomh maith leis sin tá an clár bunaithe ar bhród as d'áit dúchais féin.

4. (a) **Luaigh** mothúchán **amháin** a léirítear nuair a theipeann ar iomaitheoir dul ar aghaidh go dtí an chéad bhabhta eile.
   Léirítear an-bhrón nuair a theipeann ar iomaitheoir dul ar aghaidh.

   (b) **Luaigh dhá thréith** a bhí ag na Maolchiaráin.
   Ba cheoltóirí agus rinceoirí iontacha iad.

5. (a) **Cad air** a mbraitheann iomaitheoirí den chuid is mó?
   Braitheann na hiomaitheoirí ar an tacaíocht áitiúil.

   (b) **Luaigh dhá chosúlacht** idir Seó Tallainne na hÉireann agus comórtais a ritheann Cumann Lúthchleas Gael.
   Tosaíonn Seó Tallainne na hÉireann go háitiúil agus críochnaíonn sé le Craobh na hÉireann.

B. Comórtas Scannán TG4   20 marc

1. Gach bliain eagraíonn TG4 comórtas scannán do dhaltaí iarbhunscoileanna na tíre. Is obair ghrúpa a bhíonn i gceist ann agus leagann TG4 béim air sin. Caithfidh sé a bheith soiléir do na moltóirí gur leis na daltaí féin na bunsmaointe agus an cur chuige san iarratas a chuireann siad isteach. Oibríonn an múinteoir mar threoraí. Seolann grúpa daltaí cuntas gairid ar scéal an scannáin, chomh maith le script Ghaeilge don scannán, chuig TG4.

2. Roghnaíonn na moltóirí gearrliosta de na hiarrachtaí is fearr, dar leo. Cuireann TG4 stiúrthóir agus foireann ghairmiúil ar fáil chun scannáin a dhéanamh de na scripteanna a roghnaítear. Bronntar na duaiseanna ar na buaiteoirí gach bliain sa Lárionad Scannán i mBaile Átha Cliath. Ag an ócáid sin taispeántar na scannáin agus fógraítear na buaiteoirí náisiúnta. Craoltar na scannáin ar fad ar TG4.

3. Téann na buaiteoirí náisiúnta chuig Féile Scannán Ciak san Iodáil. Is í Féile Scannán Ciak an Chraobh Dhomhanda le haghaidh scannáin scoile agus bíonn buaiteoirí ó thíortha eile ann – ón Eoraip, ón Afraic Theas agus ón tSín. Is mór an onóir é do na daltaí a bheith ann thar ceann a dtíortha.

4. Tá ag éirí thar cionn leis an gcomórtas náisiúnta anseo in Éirinn agus tá líon na n-iarratas ó na scoileanna ag dul i méid ó bhliain go bliain. Tá TG4 thar a bheith sásta leis an dul chun cinn seo. Ba iad na scoileanna a ndearnadh scannán dá gcuid scéalta anuraidh ná: Pobalscoil Chaisleán Chnucha, Baile Átha Cliath; Grianán Mhuire, Baile Átha Luain, Co. na hIarmhí agus Meánscoil Chnoc na Labhrás, Luimneach. Comhghairdeas leo.

Ceisteanna

1. **Cad iad an dá rud** a sheolann grúpa daltaí chuig TG4 chun cur isteach ar an gcomórtas scannán?

   Seolann grúpa daltaí cuntas gairid ar scéal an scannáin agus script Ghaeilge don scannán.

2. (a) **Cén áit** i mBaile Átha Cliath a mbronntar na duaiseanna?

   Bronntar na duaiseanna sa Lárionad Scannán i mBaile Átha Cliath.

   (b) **Luaigh rud amháin** a tharlaíonn ag bronnadh na nduaiseanna?

   Taispeántar na scannáin agus fógraítear na buaiteoirí náisiúnta.

3. (a) **Cá** mbíonn Féile Scannán Ciak ar siúl?

   Bíonn Féile Scannán Ciak ar siúl san Iodáil.

   (b) **Luaigh scoil amháin** a ndearna TG4 scannán dá scéal anuraidh.

   Rinne Pobalscoil Chaisleán Chnucha, Baile Átha Cliath / Grianán Mhuire, Baile Átha Luain, Co.na hIarmhí / Meánscoil Chnoc na Labhras, Luimneach scannán anuraidh.

4. Cén t-alt sa sliocht thuas a dtagraíonn an abairt seo a leannas dó?

   'Caithfidh na daltaí a bheith lárnach i gcomórtas scannán TG4'

   Alt 1 = ✓   Alt 2 = ☐   Alt 3 = ☐   Alt 4 = ☐

5. Cén t-alt sa sliocht thuas a dtagraíonn an abairt seo a leanas dó?

   'Tá seasamh idirnáisiúnta ag comórtas scannán TG4'

   Alt 1 = ☐   Alt 2 = ☐   Alt 3 = ✓   Alt 4 = ☐

Practice

Exercise 1

Bás an Phápa Eoin Pól II

1. Nuair a fuair an Pápa Eoin Pól II bás sa Róimh bhí brón an-mhór ar na mílte ar fud an domhain. Toisc gur thaistil sé a lán mar Phápa, bhuail sé le sluaite daoine sna tíortha éagsúla agus bhí aithne an-mhaith acu ar an bhfear a rugadh i Wadowice i ndeisceart na Polainne, achar gearr ó champaí géibhinn Auschwich agus Birkenau. Thuig siad go raibh cara acu caillte agus imithe uathu.

2. Is fíor le rá go raibh cara an-speisialta caillte ag an Aos Óg mar go raibh grá an-mhór ag Eoin Pól do dhaoine óga. Nuair a bhí sé anseo in Éirinn i 1979, dúirt sé i nGaillimh agus aos óg na tíre i láthair:
'A ógánacha na hÉireann, gráim sibh!' Bhain sé taitneamh as comhluadar na n-ógánach i gcónaí agus bhí sé i láthair go minic nuair a chruinnigh siad do Lá Domhanda na nÓg. Ní haon ionadh go raibh na mílte acu ar a shochraid sa Róimh.

3. Nuair a bhí sé féin óg, bhí sé tugtha don spórt ach d'oibrigh sé go crua ag am nuair a bhí trioblóid ina thír agus a dhaoine faoi chois. Toisc go raibh an Creideamh an-láidir acu sa teaghlach, ní raibh an namhaid ábalta an lámh in uachtar a fháil orthu nó iad a bhriseadh. As an timpeallacht sin tháinig Pápa Eoin Pól, an fear ó thír i gcéin a bhris cumhacht an Chumannachais agus a labhair amach ar son na síochána ar fud an domhain. Shín sé lámh amach do na hEaglaisí eile agus is iontach an méid atá scríofa aige le smaointe doimhne – leabhair, doiciméid agus litreacha aspalda - a shaibhreas don domhan.

4. Bhí grá ar leith aige do Mhuire – Máthair Dé, Máthair na hEaglaise. Sin an fáth ar thug sé cuairteanna ar na Scrínte ó am go chéile. Nuair a thug sé cuairt ar an tír seo i 1979, chuaigh sé go Cnoc Mhuire – ceann scríbe a thurais go hÉirinn. Thug sé Rós Órga don Scrín – a bhronntanas pearsanta féin – agus thug sé an gradam 'Baisleach' don séipéal nua a bhí tógtha tamall roimhe sin. Mar a dúirt cailín óg a chroith lámh leis: 'Naomh is ea é!'

Ceisteanna

1. (a) De réir **Alt 1**, cá bhfios dúinn go raibh an-obair déanta ag an bPápa seo?
   (b) Conas a mhothaigh na '…sluaite sna tíortha éagsúla…' tar éis bhás an Phápa seo?

2. (a) Breac síos **dhá phointe** eolais ó **Alt 2** mar gheall ar an gcaidreamh a bhí ag an bhfear seo le daoine óga.
   (b) Cár bhuail sé leis na daoine óga gach bliain?

3. (a) Cén sórt áite í an tír inar rugadh an Pápa Eoin Pól II ón eolas atá in **Alt 3**?
   (b) Cad a rinne an fear seo dá thír?

4. Cén fáth a ndúirt an cailín óg a chroith lámh leis gur Naomh é, dar leat?

5. Tar éis an píosa seo a léamh, déan cur síos ar dhá thréith a bhain leis an bPápa seo mar dhuine. Tabhair fáthanna le do fhreagra.

Handy Hint

The *Léamhthuiscint* piece is usually taken from an Irish language magazine or newspaper. Take some time during the year to read some issues of the following publications –

- *Foinse*
- *Lá*
- *Staighre*
- *Saol*

Exercise 2

Cnoc na Teamhrach: Mar a Bhí is Mar Atá

1. Má théann tú ar cuairt chuig Cnoc na Teamhrach i gCo. na Mí inniu, lá breá gréine, beidh radharc an-deas le fáil agat ar chuid mhaith den tír. Níl an cnoc féin ró-ard ach tá an ceantar thart timpeall réasúnta íseal, réileán. Fadó, bhí bóithre ag síneadh amach ón áit seo – cúig cinn ar a laghad – agus níl aon chuntas faoi bhrú tráchta san áit sna laethanta sin. Tá a fhios ag an domhan anois faoin mótarbhealach nua gar don chnoc, dream amháin sásta leis an bhforbairt agus dream eile míshásta léi. Ceapaim féin go bhfuil an-ghá leis an mbóthar nua seo.

2. I dtús báire, cuireadh san áit seo daoine a fuair bás agus baineadh úsáid as an áit freisin do shearmanais. Chreid na págánaigh gur mhair na Déithe san áit agus go raibh baint ag an áit leis an domhan eile. Níos déanaí, mhair Ardríthe na hÉireann ag Teamhair – céad daichead is a dó acu – agus sna laethanta sin bhíodh beocht agus rúille búille ar an gCnoc. Lárionad dlí is stairr ab ea é ach anois níl le fáil ansin ach síocháin agus aer úr folláin.

3. Níl mórán le feiceáil ar an gCnoc inniu. Tá Dumha na nGiall ansin, an Lia Fáil, sin cloch i bhfoirm piléir. Baineadh úsáid as sin, is dócha, aon uair a toghadh Ardrí nua. Tá iarsma Thigh Chormaic ann freisin. Fadó, bhí Dún ar an gCnoc agus bhí Pálás an Rí taobh istigh den dún sin agus an Halla Mí-Chuarta d'aíonna a fuair a mbéilí ansin. Bhí tithe san áit do na saighdiúirí agus do na ríthe a tháinig chuig Teamhair ó na cúigí agus bhí an Grianán ann do na banríonacha. I dteach Réalt na mBard tháinig na filí, staraithe, doctúirí, ollúna agus breithiúna le chéile. Tharla Feis na Teamhrach a bhí ar siúl ar feadh seachtaine ag Samhain agus roimhe sin bhí an tAonach faoi lánseol. Ócáidí sóisialta ab ea iad agus sluaite i láthair.

4. Nuair a tháinig Naomh Pádraig go hÉirinn chuaigh sé go Cnoc Sláine i gCo. na Mí, achar gearr ó Chnoc na Teamhrach agus las sé tine na Cásca thuas ansin. Págánach ab ea an tArdrí Laoghaire agus thug an naomh dúshlán dó glacadh leis an bhfíorchreideamh. Ar an ócáid sin, bhain Pádraig úsáid as an tseamróg nuair a bhí sé ag míniú dó conas is féidir trí phearsa a bheith in aon Dia amháin. Má thiomáineann tú lá éigin ar an mbóthar nua, a théann trí Ghleann na Ríthe, caith súil ar an gCnoc ársa stairiúil in aice láimhe, áit a bhfuil stair is cultúr curtha in éineacht.

Ceisteanna

1. (a) Déan cur síos ar an radharc atá le feiceáil ó Chnoc na Teamhrach (Is leor **dhá phointe**)
   (b) Breac síos an difríocht atá luaite in **Alt 1** idir inniu agus inné.

2. (a) Cén fáth ar cuireadh san áit seo daoine a fuair bás?
   (b) Deirtear in **Alt 2** go raibh '…beocht agus rúille búille…' ar an gCnoc fadó. Cad ba chúis leis sin dar leat?

3. (a) Luaigh **trí rud** atá fós le feiceáil ar an gCnoc inniu.
   (b) Déan cur síos ar **dhá rud** a bhí ann fadó agus ar an úsáid a baineadh astu.

4. Luaitear 'dúshlán' éigin in **Alt** 4. Cad atá i gceist leis an údar anseo?

5. Cén fáth, dar leat, a bhfuil daoine áirithe míshásta faoin mótarbhealach nua gar don chnoc? (Is leor **dhá phointe**)

Exercise 3

Granuaile - Banríon na Farraige

1. Le fada an lá, bhí baint ag Muintir Mháille leis an bhfarraige, le báid is le seoltóireacht. Sin an cúlra a bhí ann nuair a rugadh Gráinne Ní Mháille – Granuaile – i gCo. Mhaigh Eo sa bhliain 1530. Eoghan Dubhdara (Black Oak) an t-ainm a bhí ar a hathair a bhí ina thaoiseach ar Umhall Uachtarach i mBarúntacht ar a dtugtar Muirisc. (Murrisk). Mairéad an t-ainm a bhí ar a máthair.

2. Nuair a bhí Gráinne óg d'iarr sí ar a hathair lá, cead a thabhairt di dul chuig an Spáinn ar cheann de na longa a bhí aige. Ní raibh a máthair sásta ar chor ar bith leis sin. Ní dhéanfadh bantiarna an rud sin. Ansin d'imigh Gráinne amach agus nuair a tháinig sí ar ais, bhí a gruaig rua an-fhada gearrtha. Ní raibh fágtha uirthi ach gruaig an-ghearr. Ansin thug a clann an leasainm 'Gráinne Mhaol' uirthi. Ar ball, bhí an dá fhocal giorraithe go 'Granuaile'.

3. D'fhoghlaim sí a ceird óna hathair agus phós sí Dónal Ó Flatharta – Dónal an Chogaidh – nuair a bhí sí sé bliana déag d'aois. Bhí triúr clainne acu, beirt mhac agus iníon. Nuair a fuair a fear céile bás, chuir sí fúithi ar Oileán – Oileán Chliara – (Clare Island) i gCuan Mó in aice le Cathair na Mart. Ina dhiaidh sin, phós sí Riocard de Búrca – Riocard an Iarainn – agus bhí mac amháin acu – a rugadh ar bord loinge – Tiobóid-na-Long. Fuair Riocard bás sa bhlian 1583.

4. Chaith sí cuid mhaith ama ag troid, ag trádáil agus ag robáil ar an bhfarraige. Bean láidir, mhisniúil, fhíochmhar ab ea í a chloígh go mór leis an seanchultúr Gaelach. Bhí clú agus cáil ar Ghráinne Mhaol mar gheall ar an saol a chaith sí. Bhí a meon féin aici agus sheas sí amach go bríomhar ar uair nuair nach raibh seans ag mná mórán a dhéanamh. Cuireadh i bpríosún í uair nó dhó. Bhí roinnt long agus arm dá cuid féin aici. Throid sí in aghaidh na Sasanach agus naimhde eile. Bhuail sí le Banríon Shasana – Eilís a hAon – i Londain sa bhliain 1593 agus réitigh sí go han-mhaith léi.

5. Fuair sí bás i gcaisleán Charraig an Chabhlaigh in aice le Baile Uí Fhiacháin (Newport) i gCo. Mhaigh Eo sa bhlian 1603, áit inar chaith sí cuid mhaith dá saol. Deirtear go bhfuil sí curtha sa mhainistir ar Oileán Chliara, áit ina bhfuil fothracha a caisleáin eile le feiceáil inniu.

Ceisteanna

1. (a) Breac síos **dhá phointe** eolais ó Alt 1 i dtaobh Mhuintir Mháille.
   (b) Cá bhfios dúinn gur dhuine mór le ba ea athair Ghráinne?

2. (a) Cén fáth nach raibh máthair Ghráinne sásta lena hiníon nuair a bhí fonn uirthi dul go dtí an Spáinn?
   (b) Cén fáth ar thug a clann an leasainm 'Gráinne Mhaol' uirthi?

3. (a) Cár chónaigh Gráinne?
   (b) Cé mhéad clainne a bhí aici?

4. Déan cur síos ar **dhá thréith** a bhain le Gráinne dar leat. Tabhair fáthanna le do fhreagra.

5. Cén fáth a bhfuil tábhacht fós ag baint leis an mbean seo? (Is leor **dhá phointe**).

Exercise 4

Junior Certificate 2001

AN CHÉAD ÍOL DÉAGÓRACH   20 marc

1. An déagóir dorcha gruama corrthónach! Tá sé ina *cliché* amach is amach, déarfá. Is cosúil, áfach, go gcaithfidh gach déagóir a bheith amhlaidh anois. Cé a thógfadh uirthi/air é nuair nach bhfuil tuiscint dá laghad ag tuismitheoirí ar dhéagóirí? Sin a thugtar le fios dúinn, pé scéal é. Ní inniu ná inné a tháinig an deacracht seo chun solais.

2. Ón dara cogadh domhanda ar aghaidh tháinig glúin óg nua chun cinn i Meiriceá, a bhí réasúnta saibhir agus níos saoire óna dtuismitheoirí ná mar a bhí aon ghlúin a chuaigh roimpi. Chonaic lucht déanta scannán go raibh lucht féachana mór ann nach raibh aon scannánóir ag freastal air go dtí sin. Chuir siad rompu pictiúir a dhéanamh don chultúr nua déagórach seo. Ba é **Rebel Without a Cause** an scannán ba cháiliúla díobh seo agus ba é James Dean a laoch.

3. Léirigh gothaí agus geáitsí Dean dearcadh nua na glúine óige go soiléir sa scannán seo. Faraor géar ní dhéanfadh an t-íol déagórach ach scannán amháin eile, **Giant**. Thaispeáin **Giant** go raibh Dean in ann páirteanna casta a ghlacadh agus go raibh sé i ndán dó a bheith ina réaltóg mhór. Ach ní mar a shíltear bítear sa saol seo go minic.

4. Bhí spéis i gcónaí ag James Dean i gcairr, cairr ghasta. Siombail an-tábhachtach den tsaoirse san ógchultúr nua ba ea an carr. Bhí Dean an-bhródúil as an *Porsche Spyder* a bhí aige. Shocraigh sé deireadh seachtaine a chaitheamh ag glacadh páirte i rás bóthair i Salinas, California. Ar an mbealach bhuail sé féin agus carr eile faoina chéile. Maraíodh é. Ar nós go leor réaltóg eile a fuair bás go hóg, thosaigh cáil James Dean ag méadú ón lá cinniúnach sin, 30 Meán Fómhair,1956.

Ceisteanna

1. (a) Cén saghas duine é 'an déagóir' atá luaite sa **chéad alt**?

   (b) Cén fáth a mbíonn an déagóir mar seo, dar le húdar an phíosa?

2. (a) Breac síos <u>dhá</u> thréith a bhain leis an nglúin óg 'ón dara cogadh domhanda ar aghaidh'.

   (b) Luaigh an buntáiste a bhain lucht déanta scannán as an gcultúr nua déagórach seo.

3. (a) Ainmnigh an <u>dá</u> scannán, atá luaite sa téacs, inar ghlac James Dean páirt.

   (b) I gcás <u>ceann amháin</u> den dá scannán sin breac síos <u>pointe eolais amháin</u> faoi James Dean sa scannán sin.

4. (a) Cén sórt cairr a raibh spéis ag James Dean ann?

   (b) Bhí tábhacht ag baint leis an gcarr 'san ógchultúr nua'. Cad é?

5. (a) Conas a fuair James Dean bás?

   (b) Cad a tharlaíonn i gcás réaltóg a fhaigheann bás go hóg, dar le húdar an phíosa?

Exercise 5

Junior Certificate 2002

Tá an Mol Thuaidh ag leá   20 marc

1. Ní leac oighir ach uisce atá le feiceáil ag an Mol Thuaidh an samhradh seo - den chéad uair le tuairim is caoga milliún bliain. Chuaigh eolaithe, mairnéalaigh agus thart ar chéad turasóir ar bord an *Yamal*, long Rúiseach a bhfuil trealamh speisialta uirthi chun an leac oighir a bhriseadh, agus rinne siad an turas go dtí pointe a bhí an-ghar don Mhol Thuaidh.

2. Ach, nuair a shroich an bád an áit, bhí iontas an domhain ar chaptaen na loinge nach raibh aon leac oighir le feiceáil ann. Bhí an turas céanna déanta aige deich n-uaire le blianta beaga anuas ach ní raibh rud mar seo feicthe aige riamh cheana féin. Bhí orthu turas mara sé mhíle eile a dhéanamh go dtí gur aimsigh siad an leac oighir, le go bhféadfadh na paisinéirí gabháil amach air agus a rá "gur sheas siad ar an Mol Thuaidh".

3. Is é seo an léiriú is soiléire fós go bhfuil an domhan ag téamh ag ráta níos tapúla ná mar a chreid formhór na n-eolaithe cúpla bliain ó shin. Meastar anois go leáfaidh an plána oighir san Artach ina iomláine faoi lár na haoise seo. Tuairiscítear cheana féin go bhfuil an Béar Artach ag cailleadh meáchain toisc go bhfuil bia ag éirí gann ann.

4. Má leánn an leac oighir ar fad ag an Mol Thuaidh beidh tionchar an-mhór aigesean ar Éirinn agus ar thuaisceart na hEorpa i gcoitinne. Cuirfear Sruth na Murascaille dá threo agus beidh an aimsir i bhfad níos fuaire ná mar atá sí anois.

5. Tá an domhan ag téamh os comhair ár súl mar go bhfuil CO_2 agus gáis eile á gcaitheamh amach san aer gan chosc gan srian. Leagadh síos treoracha do thíortha ag Comhaontú Kyoto i 1997 agus arís san Hág in 2000 maidir leis an gceist seo. Is beag tír, áfach, atá ag cloí leis na treoracha sin. Tá gá anois le gníomhaíocht ó lucht tionscail agus ó na tíortha forbartha chun an fhadhb seo a réiteach nó beidh sé ródhéanach ar fad aon rud a dhéanamh faoi.

Handy Hint

The *Léamhthuiscint* piece is usually taken from an Irish language magazine or newspaper. Take some time during the year to read some issues of the following publications –

- *Foinse*
- *Lá*
- *Staighre*
- *Saol*

Ceisteanna

1. (a) Breac síos pointe eolais **amháin** ón sliocht i dtaobh an Yamal.

    (b) Cén fáth a raibh iontas an domhain ar chaptaen an Yamal?

2. (a) Cén fáth, de réir an údair, a dtéann turasóirí ar an turas seo?

    (b) Breac síos pointe eolais **amháin** ón sliocht mar gheall ar an mBéar Artach.

3. (a) Cá fhad eile a thógfaidh sé sula leáfaidh an plána oighir san Artach?

    (b) Breac síos tionchar **amháin**, de réir an údair, a bheidh ag leá an leac oighir ar Éirinn.

4. (a) Léiríonn an t-eolas i dtaobh An Mhoil Thuaidh, in **Alt 5**, go bhfuil fadhb againn. Cad í an fhadhb?

    (b) Breac síos cúis amháin atá leis an bhfadhb seo.

5. (a) Cad a tharla ag Comhaontú Kyoto (1997) agus san Hág (2000)?

    (b) Conas is féidir an fhadhb seo a réiteach, dar le húdar an tsleachta seo?

Section 3: Trialacha teanga comhthéacsúla

Exam Guidelines

- The grammar section of your exam is divided into 2 parts – A & B.
- Part A requires you to rewrite a short piece. The piece may be written in the past, present, future or conditional tense and you will be required to rewrite it in a particular tense.
- Part B tests other grammatical elements – numbers, prepositions, adjectives, etc.
- Lots of preparation is required for this section – there are many exercises in this chapter and sample exam questions to help you practice.
- Spend approximately 10-15 minutes on this section.

This chapter will deal with the following grammar points:

1. **Verbs**
   - Regular verbs in the past, present, future & conditional tenses
   - Irregular verbs in the past, present, future & conditional tenses

2. **Prepositions**

3. **An séimhiú & an t-urú**

4. **Adjectives**

5. **Numbers & counting**

6. **The genitive case – An Tuiseal Ginideach**

1. VERBS
Regular verbs

While there are some exceptions, regular verbs can generally be put into 2 groups.

- 1 syllable verbs – dún, cuir, glan, bris etc.
- 2 syllable verbs – ceannaigh, dúisigh, éirigh, etc.

The ending you choose usually depends on the **last vowel** (a,e,i,o,u) in the verb.

If the last vowel is **a, o or u,** we say that the verb is '**leathan**', meaning *broad*.

If the last vowel is **i** or **e**, we say that the verb is '**caol**', meaning *slender*.

Remember the rule 'Leathan le leathan agus caol le caol'.

The following table is a guide to the symbols used:

✓ = verb in the positive (e.g. I drank)

X = verb in the negative (e.g. I did not drink)

? = how to ask a question with the verb (e.g. Did you drink?)

Saorbhriathar = when you don't know who did the action (e.g. the door was closed)

The **séimhiú** in Irish is the letter 'h'. When required it is put after the first consonant in a word e.g. ní dhéanaim

An **urú** is a letter that goes before the word. Here is a list of letters that take an urú:

    n- before a,e,i,o,u

    n before g

    n before d

    bh before f

    m before b

    d before t

    b before p

    g before c

AN AIMSIR CHAITE - THE PAST TENSE

	1 syllable		2 syllable	
	Slender (i,e)	Broad (a,o,u)	Slender (i,e)	Broad (a,o,u)
√	Put a d' before a,e,i,o,u,f Put in a séimhiú	Put a d' before a,e,i,o,u,f Put in a séimhiú	Put a d' before a,e,i,o,u,f Put in a séimhiú	Put a d' before a,e,i,o,u,f Put in a séimhiú
X	Níor + séimhiú	Níor + séimhiú	Níor + séimhiú	Níor + séimhiú
?	Ar + séimhiú	Ar + séimhiú	Ar + séimhiú	Ar + séimhiú
Saorbhriathar	...eadh	...adh	...íodh	...aíodh
	Cuir (put) Chuir mé/tú/sé/sí Chuireamar Chuir sibh/siad	**Féach (watch)** D'fhéach mé/tú/sé/sí D'fhéachamar D'fhéach sibh/siad	**Éirigh (get up)** D'éirigh mé/tú/sé/sí D'éiríomar D'éirigh sibh/siad	**Ceannaigh (buy)** Cheannaigh mé/tú/sé/sí Cheannaíomar Cheannaigh sibh/siad
	Níor chuir Ar chuir? Cuireadh	Níor fhéach Ar fhéach? Féachadh	Níor éirigh Ar éirigh? Éiríodh	Níor cheannaigh Ar cheannaigh? Ceannaíodh

AN AIMSIR LÁITHREACH - THE PRESENT TENSE

	1 syll & slender	1 syll & broad	2 syll & slender	2 syll & broad
√	im/eann/imid	aim/ann/aimid	ím/íonn/ímid	aím/aíonn/aímid
X	Ní + séimhiú	Ní + séimhiú	Ní + séimhiú	Ní + séimhiú
?	An + urú	An + urú	An + urú	An + urú
Saorbhriathar	...tear	...tar	...ítear	...aítear
	Bris (break) Brisim Briseann tú/sé/sí Brisimid Briseann sibh/siad	**Fan (wait/stay)** Fanaim Fanann tú/sé/sí Fanaimid Fanann sibh/siad	**Deisigh (fix)** Deisím Deisíonn tú/sé/sí Deisímid Deisíonn sibh/siad	**Ullmhaigh (prepare)** Ullmhaím Ullmhaíonn tú/sé/sí Ullmhaímid Ullmhaíonn sibh/siad
	Ní bhriseann An mbriseann? Bristear	Ní fhanann An bhfanann? Fantar	Ní dheisíonn An ndeisíonn? Deisítear	Ní ullmhaíonn An ullmhaíonn? Ullmhaítear

Point to note – there is no urú after 'An?' before vowels

AN AIMSIR FHÁISTINEACH - THE FUTURE TENSE

	1 syll & slender	1 syll & broad	2 syll & slender	2 syll & broad
√	fidh/fimid	faidh/faimid	eoidh/eoimid	óidh/óimid
X	Ní + séimhiú	Ní+ séimhiú	Ní + séimhiú	Ní+séimhiú
?	An + urú	An + urú	An + urú	An + urú
Saorbhriathar	...fear	...far	...eofar	...ófar
	Éist (listen)	**Glan (clean)**	**Cuimhnigh (remember)**	**Brostaigh (hurry)**
	Éistfidh mé/tú/sé/sí	Glanfaidh mé/tú/sé/sí	Cuimhneoidh mé/tú/sé/sí	Brostóidh mé/tú/sé/sí
	Éistfimid	Glanfaimid	Cuimhneoimid	Brostóimid
	Éistfidh sibh/siad	Glanfaidh sibh/siad	Cuimhneoidh sibh/siad	Brostóidh sibh/siad
	Ní éistfidh	Ní ghlanfaidh	Ní chuimhneoidh	Ní bhrostóidh
	An éistfidh?	An nglanfaidh?	An gcuimhneoidh?	An mbrostóidh?
	Éistfear	Glanfar	Cuimhneofar	Brostófar

AN MODH COINNÍOLLACH - THE CONDITIONAL MOOD

	1 syll & slender	1 syll & broad	2 syll & slender	2 syll & broad
√	Put a d' before a,e,i,o,u,f Put in a h finn/feá/fadh/fimis/fidís	Put a d' before a,e,i,o,u,f Put in a h fainn/fá/fadh/faimis/faidís	Put a d' before a,e,i,o,u,f Put in a h eoinn/eofá/eodh/eoimis/óidís	Put a d' before a,e,i,o,u,f Put in a h óinn/ófá/ódh/óimis/óidís
X	Ní + séimhiú	Ní + séimhiú	Ní + séimhiú	Ní + séimhiú
?	An + urú	An + urú	An + urú	An + urú
Saorbhriathar	...fí	...faí	...eofaí	...ófaí
	Séid (blow)	**Ól (drink)**	**Bailigh (collect)**	**Athraigh (change)**
	Shéidfinn	D'ólfainn	Bhaileoinn	D'athróinn
	Shéidfeá	D'ólfá	Bhaileofá	D'athrófá
	Shéidfeadh sé/sí	D'ólfadh sé/sí	Bhaileodh sé/sí	D'athródh sé/sí
	Shéidfimis	D'ólfaimis	Bhaileoimis	D'athróimis
	Shéidfeadh sibh	D'ólfadh sibh	Bhaileodh sibh	D'athródh sibh
	Shéidfidís	D'ólfaidís	Bhaileoidís	D'athróidís
	Ní shéidfeadh	Ní ólfadh	Ní bhaileodh	Ní athródh
	An séidfeadh?	An ólfadh?	An mbaileodh?	An athródh?
	Shéidfí	D'ólfaí	Bhaileofaí	D'athrófaí

Exceptions to the rule!

Here are some examples of verbs that are a little different from the previous ones in the tables:

Suigh (to sit) Nigh (to wash) Léigh (to read) Glaoigh (to call) Buaigh (to win) Pléigh (to discuss) Luaigh (to mention) Guigh (to pray) Cráigh (to torment)	These verbs have 1 syllable but end in 'igh'. Shuigh mé/tú/sé/sí – I sat Shuíomar – we sat Buaim – I win Buann sé/sí – He/She wins Níonn siad – they wash Glaofaidh mé – I will call Guífimid – We will pray Léifinn – I would read Bhuafainn – I would win Nífeadh sí – She would wash
Sábháil (to save) Taispeáin (to show) Cniotáil (to knit) Tiomáin (to drive) Úsáid (to use)	These verbs have 2 syllables but are treated like 1 syllable verbs. Thaispeánamar – We showed Tiomáinim – I drive Úsáidfidh sí – She will use Shábhálfaidís – they would save
Codail (to sleep) Ceangail (to tie) Taitin (to enjoy) Oscail (to open) Imir (to play) Inis (to tell) Labhair (to speak) Freagair (to answer) Eitil (to fly) Bagair (to threaten) Múscail (to evoke) Fógair (to announce) Cosain (to cost/ protect) Iompair (to carry)	These verbs have 2 syllables but don't end in 'igh/aigh'. In the present, future & conditional tenses (and 'sinn' in the past tense) you simply cross off the last vowel(s) in the verb and add your ending as per the table above. D'imir mé – I played Freagraímid – We answer Cosnóidh sé – It will cost D'osclóinn – I would open
Siúil (to walk)	Shiúil mé – I walked Siúlfaidh mé – I will walk
Tuirling (to land)	Thuirling sé – He landed Tuirlingeoidh sé – He will land (nothing crossed off)
Foghlaim (to learn)	D'fhoglaim mé – I learned Foghlaimím – I learn (nothing crossed off)

Practice A

Using the tables, complete the following exercises. Watch out for the 'saorbhriathar'! (Hint – it is not followed by mé, tú, sé/sí or a named person/thing doing the action)

1. (Éirigh mé) ar a seacht inné.
2. (Deisigh Daid) an carr amárach má tá sé briste.
3. (Cuir mé) mo chuid airgid sa bhanc dá mbeadh aon airgead agam!
4. (An féach tú) ar an teilifís gach oíche?
5. (Bris) an fhuinneog inné ach níl a fhios ag éinne cé a bhris í.
6. (Ullmhaigh Bríd) ceapairí don phicnic ag an deireadh seachtaine.
7. (Glan sé) a sheomra gach lá.
8. (Ní éist sí) leis an múinteoir riamh mar gur fuath léi í!
9. (Bailigh) na cóipleabhair dá mbeadh an rang críochnaithe leis an obair.
10. (Séid an réiteoir) an fheadóg i gceann cúpla nóiméad.
11. (Ní ól sí) an bainne an tseachtain seo caite mar go raibh sé géar.
12. (Tiomáin mé) an carr nuair a bheidh mo cheadúnas agam.
13. (Labhair sinn) leis an bpríomhoide tráthnóna inné.
14. (Suigh siad) síos ar an mbinse chun a gcuid lóin a ithe.
15. (An oscail sibh) an doras dom le bhur dtoil?
16. (Freastail mé) ar mheánscoil an Chreidimh Naofa i gCluain Tarbh.
17. (Fógair) bás an fhir sa nuachtán inné.
18. (Guigh siad) ar son na ndaoine bochta san Afraic gach lá ar scoil.
19. (Cniotáil mo sheanmháthair) geansaí deas dom gach Nollaig.
20. (An úsáid sibh) an ríomhaire ar scoil an bhliain seo chugainn?
21. (Léigh sí) leabhar dá mbeadh an t-am aici.
22. (Imir mé) cispheil anois ach anuraidh (imir mé) peil.
23. (Ceangail a mham) a bhróga dó mar go bhfuil sé fós an-óg.
24. (Ní cuir tú) do chóta ort inné agus anois tá slaghdán ort.

B

Fill in the missing verbs

A. chaite Inné	A. láithreach Inniu	A. fhaistineach Amárach	An Modh Coinníollach Dá mbeadh
Cheannaigh mé	Cheannaím	Ná ceannfaidh	
D'ól mé	Ólann tú		
Chan mé		Canfaidh sí	
Nigh mé			Nífeadh sé
Rith siad			
Labh	Labhraíonn sibh		
		Baileoimid	
			Ní chaithfinn
Ar scuabamar?			
	Deisíonn sé		
		An bhfásfaidh tú?	
			D'éistfidís
D'fhág sibh			
	Cnagann sí		
		Ní chaillfidh sé	
			Phósfainn
Chuireamar			
	An scríobhaimid?		
		Dúnfaidh siad	
			Ní ghlanfadh sí
Shroich mé			
	An mbuaileann tú?		
		Tógfaidh sí	
			Ghearrfaimis
Níor léigh tú			
	Osclaím		
		Cuimhneoidh siad	
			D'athróinn
Ar thiomáin sí?			
	Insíonn sé		
		Ní bhagróidh sibh	
			Cheanglóinn
Shábháil siad			
	Pléann sí		
		Úsáidfidh mé	
			Thaispeánfainn
Thuirling sibh			
	Eitlíonn sibh		
		An iomprófar?	
			Dhúiseoinn
Shiúil sí			
	Casann sé		
		Ní éistfidh mé	
			D'éireoidís
Ghoideamar			

Irregular Verbs

Verb		Beir *to grab*	Clois *to hear*	Tar *to come*	Ith *to eat*	Tabhair *to give*
An Aimsir Chaite *The past tense*	✓ ✗ ? Saorbhriathar	Rug Níor rug Ar rug? Rugadh	Chuala Níor chuala Ar chuala? Chualathas	Tháinig Níor tháinig Ar tháinig? Thángthas	D'ith Níor ith Ar ith? Itheadh	Thug Níor thug Ar thug? Tugadh
An Aimsir Láithreach *The present tense*	✓ ✗ ? Saorbhriathar	Beireann Ní bheireann An mbeireann? Beirtear	Cloiseann Ní chloiseann An gcloiseann? Cloistear	Tagann Ní thagann An dtagann? Tagtar	Itheann Ní itheann An itheann? Itear	Tugann Ní thugann An dtugann? Tugtar
An Aimsir Fháistineach *The future tense*	✓ ✗ ? Saorbhriathar	Béarfaidh Ní bhéarfaidh An mbéarfaidh? Béarfar	Cloisfidh Ní chloisfidh An gcloisfidh? Cloisfear	Tiocfaidh Ní thiocfaidh An dtiocfaidh? Tiocfar	Íosfaidh Ní íosfaidh An íosfaidh? Íosfar	Tabharfaidh Ní thabharfaidh An dtabharfaidh? Tabharfar
An Modh Coinníollach *The Conditional Mood*	✓ ✗ ? Saorbhriathar	Bhéarfadh Ní bhéarfadh An mbéarfadh? Bhéarfaí	Chloisfeadh Ní chloisfeadh An gcloisfeadh? Chloisfí	Thiocfadh Ní thiocfadh An dtiocfadh? Thiocfaí	D'íosfadh Ní íosfadh An íosfadh? D'íosfaí	Thabharfadh Ní thabharfadh An dtabharfadh? Thabharfaí

Irregular Verbs

	Déan *make/do*	Feic *see*	Abair *say*	Téigh *go*	Faigh *get*	Bí *be*
✓	Rinne	Chonaic	Dúirt	Chuaigh	Fuair	Bhí
✗	Ní dhearna	Ní fhaca	Ní dúirt	Ní dheachaigh	Ní bhfuair	Ní raibh
?	An ndearna?	An bhfaca?	An ndúirt?	An ndeachaigh?	An bhfuair?	An raibh?
Saorbhriathar	Rinneadh	Chonacthas	Dúradh	Chuathas	Fuarthas	Bhíothas
✓	Déanann	Feiceann	Deir	Téann	Faigheann	Bíonn/Tá
✗	Ní dhéanann	Ní fheiceann	Ní deir	Ní théann	Ní fhaigheann	Ní bhíonn/Níl
?	An ndéanann?	An bhfeiceann?	An ndeir?	An dtéann?	An bhfaigheann?	An mbíonn?/An bhfuil?
Saorbhriathar	Déantar	Feictear	Deirtear	Téitear	Faightear	Bítear
✓	Déanfaidh	Feicfidh	Déarfaidh	Rachaidh	Gheobhaidh	Beidh
✗	Ní dhéanfaidh	Ní fheicfidh	Ní déarfaidh	Ní rachaidh	Ní bhfaighidh	Ní bheidh
?	An ndéanfaidh?	An bhfeicfidh?	An ndéarfaidh?	An rachaidh?	An bhfaighidh?	An mbeidh?
Saorbhriathar	Déanfar	Feicfear	Déarfar	Rachfar	Gheofar	Beifear
✓	Dhéanfadh	D'fheicfeadh	Déarfadh	Rachadh	Gheobhadh	Bheadh
✗	Ní dhéanfadh	Ní fheicfeadh	Ní déarfadh	Ní rachadh	Ní bhfaigheadh	Ní bheadh
?	An ndéanfadh?	An bhfeicfeadh?	An ndéarfadh?	An rachadh?	An bhfaigheadh?	An mbeadh?
Saorbhriathar	Dhéanfaí	D'fheicfí	Déarfaí	Rachfaí	Gheofaí	Bheifí

The above table refers to the sé/sí form of the verb and the endings change slightly when you're talking about 'mé' (I), 'tú' (you), 'sinn' (we) and 'siad' (they) in the present, future or conditional tenses.

Present tense:	im/aim (mé) imid/aimid (sinn)	Future tense:	fimid /faimid (sinn)	Conditional tense:	finn/fainn (mé) feá /fá (tú) fimis /faimis (sinn) fidís /faidís (siad)

Practice

1. (Clois mé) an scéal faoin gcailín sin inné.
2. (Déan sé) a chuid obair bhaile gach oíche.
3. (Ith sí) a bricfeasta sa chistin amárach.
4. (Tar sinn) abhaile tar éis na scoile Dé hAoine seo chugainn.
5. (An téigh tú) go dtí an phictiúrlann aréir?
6. (An feic sí) an scannán sin riamh?
7. (Ní faigh siad) aon bhrontanas um Nollag mar (bí siad) dána.
8. (Bí mé) ag dul ar mo laethanta saoire i gceann trí scachtaine!
9. (Ní abair sibh) 'Go raibh maith agat' leis an múinteoir ar maidin agus (bí sí) ar buile libh.
10. (Beir) mo sheanmháthair i gCo. Liatroma.
11. (Tabhair sinn) airgead do na bochtáin gach Nollaig.
12. (Clois sí) a mam ag labhairt léi anocht ach ní (éist sí) léi ar chor ar bith!
13. (Tar tú) ar scoil ar an mbus ar maidin.
14. (Ní téigh sé) thar lear riamh.
15. (An ith siad) a ndinnéar amárach?
16. (Feic mé) Tomás aréir ach (ní feic sé) mé.
17. (An bí sinn) i dtrioblóid dá (téigh sinn) amach gan chead?
18. (Ní déan) sé a obair bhaile dá (bí) an rogha aige.
19. (Abair) go bhfuil a lán fadhbanna in Éirinn inniu.
20. (Faigh) mé gúna nua má (tabhair) mo thuistí airgead dom.

Fill in the missing verbs

A. chaite	A. láithreach	A. fháistineach	An Modh Coinníollach
D'ith sí			
	Tagann sé		
		Ní bhfaighidh mé	
			An mbeadh?
Dúirt tú			

Exam practice

Have a go at the following exercises to refresh your memory!

1. Athraigh na briathra seo ón Aimsir Chaite go dtí an Aimsir Láithreach.

Rinne mé	
Gur chuala mé	
Ní fhaca mé	
Bhuail mé	
Níor thosaíomar	
Chríochnaigh siad	

2. Athraigh na briathra seo ón Aimsir Fháistineach go dtí an Modh Choinníollach.

Rachaidh siad	
Ní ligfidh sé	
Déarfaidh sibh	
Ceannóidh tú	
Go mbaileoidh sí	
Nach gceanglóidh mé	

3. Athraigh na briathra seo ón Aimsir Láithreach go dtí an Aimsir Fháistineach.

Ní éirím	
Go ndúisítear	
Itheann sé	
Tugaimid	
An gcuirtear?	
Ní labhraíonn sé	

4. Athraigh na briathra seo ón Modh Coinníollach go dtí an Aimsir Chaite.

Chaithfinn	
An dtiocfá?	
Cheannóidís	
Ní thabharfadh sé	
D'athródh sibh	
Chabhróimis	

Important notes!

- gur/nár (that) in the past tense change to go/nach in every other tense & the séimhiú in the past tense is replaced with an urú in the present/future/conditional tenses.
- Níor (negative) in the past tense changes to Ní in every other tense.
- Ar? (question) in the past tense changes to An? in every other tense but take note that An? is also used in the past tense with six of the irregular verbs.

Exercises

1. Bhí Áine ag scríobh faoi cheolchoirm Beyonce d'iris na scoile ar a ríomhaire glúine. Ar chúis éigin nuair a phriontáil sí an cuntas bhí cuid de na briathra san Aimsir Láithreach. Chuir sí líne faoi na briathra agus ansin chum sí an cuntas arís san **Aimsir Chaite**.
   Scríobh an cuntas a chum Áine san Aimsir Chaite agus athraigh na focail a bhfuil líne fúthu.
   Is mar seo a thosaigh sí: Shroich mé an O2...

   Sroichim an O2 ar a sé agus bhí scuaine fhada romham. Tagann Beyonce amach ar an ardán ar a hocht. Bhí sí gléasta go hálainn agus bhí na héifeachtaí speisialta go hiontach ar fad! Bhí gach duine ag damhsa agus ag canadh in ard a gcinn is a ngutha. Críochnaíonn an cheolchoirm timpeall a haon déag agus bhí mé spíonta! Téim le mo chairde go dtí McDonalds agus ansin faighim an bus abhaile. Codlaím go sámh an oíche sin!

   1.
   2.
   3.
   4.
   5.

2. Bhí Tomás ag scríobh fógra faoi chluiche peile a bheidh ag tarlú an deireadh seachtaine seo chugainn. Ar chúis éigin nuair a phriontáil sé an fógra bhí cuid de na briathra san Aimsir Chaite. Chuir sé líne faoi na briathra agus ansin chum sé an cuntas arís san **Aimsir Fháistineach**.
   Scríobh an cuntas a chum Tomás san Aimsir Fháistineach agus athraigh na focail a bhfuil líne fúthu.
   Is mar seo a thosaigh sé: Beidh Scoil Uí Chonaill ag imirt...

   Bhí Scoil Uí Chonaill ag imirt cluiche peile in aghaidh Scoil Bhríde. Thosaigh an cluiche ar a dó a chlog um thráthnóna. Chosain na ticéid deich euro agus beidh crannchur ag leath ama. Má bhuann Scoil Uí Chonaill, Chuaigh siad ar aghaidh go dtí an cluiche leathcheannais. D'imir siad go hiontach agus táim cinnte go raibh an bua acu.

   1.
   2.
   3.
   4.
   5.

3. Bhí an múinteoir Gaeilge ag scríobh cuntas faoina ghnáthlá mar mhúinteoir d'iris na scoile. Ar chúis éigin nuair a phriontáil sé an cuntas bhí cuid de na briathra san Aimsir Fháistineach. Chuir sé líne faoi na briathra agus ansin chum sé an cuntas arís san **Aimsir Láithreach**. Scríobh an cuntas a chum an tUasal de Búrca san Aimsir Láithreach agus athraigh na focail a bhfuil líne fúthu.
Is mar seo a thosaigh sé: De ghnáth éirím ar...

De ghnáth éireoidh mé ar a hocht. Siúlfaidh mé ar scoil agus téim díreach go seomra na múinteoirí. Buailfidh an clog ar a naoi agus téim go dtí an chéad rang. Labhróidh mé Gaeilge sa rang agus múinim ceachtanna do na daltaí. Foghlaimeoidh siad foclóir agus gramadach nua gach lá agus ceartaím a gcuid oibre. Má bhíonn duine éigin dána sa rang seolfar go dtí oifig an phríomhoide é.

1.
2.
3.
4.
5.

4. Ceannaíonn Síle ticéad don chrannchur náisiúnta gach seachtain. Scríobh sí cuntas d'iris na scoile faoin gcaoi a gcaithfeadh sí an t-airgead dá mbeadh an bua aici. Ar chúis éigin nuair a phriontáil sí an cuntas bhí cuid de na briathra san Aimsir Fháistineach. Chuir sí líne faoi na briathra agus ansin chum sí an cuntas arís sa **Mhodh Coinníollach**. Scríobh an cuntas a chum Síle sa Mhodh Coinníollach agus athraigh na focail a bhfuil líne fúthu.
Is mar seo a thosaigh sí: Ar dtús bheadh cóisir mhór...

Ar dtús, beidh cóisir mhór agam agus tabharfaidh mé cuireadh do gach duine ar scoil. Ansin, rachaidh mé ar saoire fhada le mo chlann. Ba mhaith liom dul go Meiriceá agus fanfaidh mé in óstán galánta i Manhattan. Íosfaidh mé i mbialann iontach cáiliúil gach oíche agus d'fheicfinn na réaltaí scannáin ar fad. Ceannóidh mé éadaí deasa agus bronntanas do mo chlann agus mo chairde sa bhaile. Bheadh saol an mhada bháin agam!

1.
2.
3.
4.
5.

5. Bhí Liam de Paor ag díospóireacht lena chara faoi laethanta saoire scoile. Nuair a chuaigh sé siar ar an díospóireacht thug sé faoi deara go raibh cuid de na briathra sa Mhodh Coinníollach. Chuir sé líne faoi na briathra agus ansin chum sé an cuntas arís san **Aimsir Láithreach**.

   Scríobh an cuntas a chum Liam san Aimsir Láithreach agus athraigh na focail a bhfuil líne fúthu.

   Is mar seo a thosaigh sé: Is é mo thuairim go mbíonn laethanta saoire fada…

   Is é mo thuairim go mbeadh laethanta saoire fada tuillte ag daltaí agus múinteoirí. D'oibreoidís go han-dian ar feadh na bliana agus bíonn sos de dhíth orthu nuair a thiocfadh an samhradh. Thabharfadh míonna an tsamhraidh seans do na daltaí a scíth a ligean agus iad féin a ullmhú don bhliain nua atá le teacht. Rachaidís ar saoire lena gclann nó is minic a théann siad go dtí an Ghaeltacht nó ar chúrsa samhraidh eile. Caitheann siad ama lena gcairde agus bhainfidís taitneamh as an saol – aontaím go hiomlán leis sin!

   1.
   2.
   3.
   4.
   5.

6. Bhí Aisling ag ullmhú ceiste don mhúinteoir Gaeilge faoi chás na mbochtán in Éirinn. Nuair a chuaigh sé siar ar an gceist thug sí faoi deara go raibh cuid de na briathra san Aimsir Fháistineach. Chuir sí líne faoi na briathra agus ansin chum sí an cuntas arís san **Aimsir Láithreach**.

   Scríobh an cuntas a chum Aisling san Aimsir Láithreach agus athraigh na focail a bhfuil líne fúthu.

   Is mar seo a thosaigh sí: Tá líon na ndaoine bochta ag méadú….

   Beidh líon na ndaoine bochta ag méadú sa tír seo gach lá. Níl lá dá dtéann thart nach gcloisfear faoi ghnó éigin ag dúnadh agus na céadta post a bheith caillte. Gach lá, feicfidh mé daoine ar shráideanna Bhaile Átha Cliath ag lorg déirce, cuirfidh sé brón an domhain orm. Déanfaidh eagraíochtaí ar nós Chlann Shíomóin agus Naomh Uinseann de Pól a lán oibre ar son na ndaoine seo ach níl an rialtas ag dul i ngleic leis an bhfadhb ar chor ar bith. Ní smaoineoidh polaiteoirí na tíre seo ach ar chumhacht agus airgead. Cuireann siad déistin orm.

   1.
   2.
   3.
   4.
   5.

7. Bhí comhrá ag Seán Ó Tuama lena chara ar an bhfón aréir faoina thuras scoile go Londain. Nuair a bhí an comhrá thart, thug Seán faoi deara go raibh cuid de na briathra a d'úsáid sé san Aimsir Láithreach. Scríobh sé an comhrá arís agus chuir sé líne faoi na briathra. Ansin, scríobh sé an comhrá arís san **Aimsir Chaite**.
Scríobh an cuntas a chum Seán san Aimsir Chaite agus athraigh na focail a bhfuil líne fúthu.
Is mar seo a thosaigh sé: Bhí orainn a bheith baillithe le chéile...

Bíonn orainn a bheith bailithe le chéile ag geata na scoile ar a sé a chlog maidin Dé Luain. <u>Tagann</u> an bus ag leathuair tar éis a sé. Chuaigh an bus go Dún Laoghaire agus <u>fágann</u> an bád farantóireachta ag ceathrú chun a hocht. Shroicheamar Londain ar a haon a chlog. <u>Tugaimid</u> cuairt ar na radhairc éagsúla – Túr Londan, an London Eye agus Big Ben. Chuamar ag siopadóireacht in Harrods – leath na súile orainn nuair a <u>fheicimid</u> an áit. Chaitheamar dhá oíche sa chathair agus <u>fillimid</u> abhaile go sona sásta ar an gCéadaoin.

1.
2.
3.
4.
5.

8. Bhí Aoife ag ullmhú ceiste don mhúinteoir Gaeilge faoi na hathruithe a dhéanfadh sí dá mbeadh sí ina príomhoide. Nuair a chuaigh sé siar ar an gceist thug sí faoi deara go raibh cuid de na briathra san Aimsir Fháistineach. Chuir sí líne faoi na briathra agus ansin chum sí an cuntas arís sa **Mhodh Choinníollach**.
Scríobh an cuntas a chum Aoife sa Mhodh Choinníollach agus athraigh na focail a bhfuil líne fúthu.
Is mar seo a thosaigh sí: Dá mbeinn i mo phríomhoide....

Dá mbeidh mé i mo phríomhoide, dhéanfainn mé a lán athruithe. Ar dtús, <u>cuirfidh</u> mé deireadh leis an éide scoile. Ba cheart go mbeadh rogha ag na daltaí. <u>Tabharfaidh</u> sé sin neamhspleáchas dóibh. Ansin, <u>athróidh</u> mé an lá scoile. <u>Tosóidh</u> an scoil ar a haon déag agus chríochnódh sé ar a dó. Bheadh i bhfad níos mó áiseanna ar fáil agus <u>imreoidh</u> na daltaí níos mó spóirt freisin.

1.
2.
3.
4.
5.

9. Bhí Daithí ag déanamh agallaimh le hiardhalta ón scoil d'iris na scoile. Nuair a chuaigh sé siar ar an agallamh thug sé faoi deara go raibh cuid de na briathra sa Mhodh Coinníollach. Chuir sé líne faoi na briathra agus ansin chum sé an cuntas arís san **Aimsir Chaite**.
Scríobh an cuntas a chum Daithí san Aimsir Chaite agus athraigh na focail a bhfuil líne fúthu.
Is mar seo a thosaigh sé: Bhí Pádraic de Faoite dhá bhliain déag d'aois….

Bheadh Pádraic de Faoite dhá bhliain déag d'aois nuair a thosaigh sé ag freastal ar mheánscoil Uí Chinnéide. <u>Dhéanfadh</u> sé staidéar ar naoi n-ábhar. Ba é an t-ábhar ab fhearr leis ná an mata ach <u>ní thaitneodh</u> Béarla leis ar chor ar bith. <u>D'imreodh</u> sé a lán spóirt agus deirtear go raibh sé an-sciliúil ar an bpáirc imeartha. <u>D'fhágfadh</u> Pádraic an scoil nuair a bhí sé sé bliana déag d'aois agus thosaigh sé ag obair lena athair. <u>D'oibreoidís</u> go han-dian ar feadh na mblianta agus inniu tá cuideachta dá gcuid féin acu.

1.
2.
3.
4.
5.

10. Bhí Máire ag scríobh ríomhphoist chuig a cara ar an idirlíon faoi céard a dhéanfaidh sí nuair a fhágfaidh sí an scoil. Nuair a chuaigh sé siar ar an ríomhphost thug sí faoi deara go raibh cuid de na briathra sa Aimsir Chaite. Chuir sí líne faoi na briathra agus ansin chum sí an cuntas arís san **Aimsir Fháistineach**.
Scríobh an cuntas a chum Máire san Aimsir Fháistineach agus athraigh na focail a bhfuil líne fúthu.
Is mar seo a thosaigh sí: Nuair a fhágfaidh mé an scoil….

Nuair a d'fhág mé an scoil, ba bhreá liom dul ar aghaidh go dtí an ollscoil. Bainfidh mé céim amach sa leigheas agus ansin beidh mé i mo dhochtúir. <u>Chuaigh</u> mé ag traenáil in ospidéal éigin. <u>Chabhraigh</u> mé le daoine atá tinn agus <u>d'fhoghlaim</u> mé scileanna nua. Ba mhaith liom dul ag obair thar lear freisin. <u>Bhuail</u> mé le daoine nua agus <u>fuair</u> mé taithí ar nósanna difriúla.

1.
2.
3.
4.
5.

2. PREPOSITIONS

What is a preposition?

A preposition or réamhfhocal in Irish, tells us about the position of something – e.g. the ball is *in* the field, the girl is *on* the wall.

Some prepositions put a séimhiú on the word following them.

No séimhiú		Put in a séimhiú		
ag	= at	ar	=	on
as	= out of	de	=	off
chuig	= to	do	=	for/to
le	= with	faoi	=	under/about
		ó	=	from
		trí	=	through
		thar	=	past/over
		roimh	=	before
		den	=	off the
		don	=	to the
		sa	=	in the

Some prepositions (especially when followed by 'the') put an urú on the word following them.

ag an	=	at the
as an	=	out of the
chuig an	=	to the
leis an	=	with the
ar an	=	on the
faoin	=	under the/about the
ón	=	from the
tríd an	=	through the
thar an	=	past/over the
roimh an	=	before the
i	=	in

*Note – you don't use a séimhiú or an urú if the first word ends in d,n,t,l,s and the next word begins with d,n,t,l,s and also after 'sa' if the word after it begins with one of these letters.

e.g. don dochtúir – to the doctor, sa teach – in the house.

**Note – 'sa' changes to 'san' before a vowel and a word beginning with 'f +vowel'.

e.g. san óstán – in the hotel, san fhocal – in the word (but 'sa Fhrainc')

Practice

1. Thug an t-altra an litir don (dochtúir).
2. Chuaigh mé trasna an bhóthair leis an (buachaill) óg.
3. Rachaidh sí go Sasana ar an (bád).
4. Dá mbeadh leathlá againn, d'fhanfaimis istigh sa (teach).
5. Thit an seanfhear den (rothar) inné.
6. Níor tháinig an fhoireann abhaile sásta ón (cluiche).
7. Cuirfidh mé an nóta faoin (doras).
8. Shiúil sí go mall chuig an (fear).
9. Chaith sé an liathróid tríd an (fuinneog).
10. An léimfidh tú thar an (geata)?
11. Tiocfaidh mam leis an (carr) i gceann cúpla nóiméad.
12. Cónaím i (Baile Átha Cliath).
13. Bhí an buachaill i (trioblóid) agus cuireadh amach as an (seomra) é.
14. Cuirfimid fáilte roimh an (cuairteoir) nuair a thagann sí.
15. Ar mhaith leat cupán tae leis an (cáca) sin?
16. D'fhan mé ag (geata) na scoile inné.
17. Chuala sí ráfla faoi (Tomás).
18. Léimfidh sé thar (balla) ard amárach.
19. Rithim thar (Síle) gach maidin ar an mbóthar.
20. Tugaimid ár gcóipleabhair don (múinteoir) gach tráthnóna.

21. Bíonn an páiste óg i gcónaí ag súgradh sa (gairdín).

22. Rachaidh siad chuig an dioscó le (grúpa) ón mbaile.

23. Ar thug tú an teachtaireacht do (Daid) go fóill?

24. Chuaigh sí isteach trí (doras) amháin agus amach trí (fuinneog) eile!

25. Shuigh mé suas ar (capall) darbh ainm Black Beauty uair amháin.

26. Rith siad isteach sa siopa roimh (seanbhean) agus ní raibh an siopadóir sásta leo.

27. Tagann an buachaill sin ó (Corcaigh) gach lá.

28. Bhí mo thuistí as (baile) agus bhí cóisir agam.

29. Bhainfeadh an mháthair an cóta den (leanbh) dá mbeadh sé te.

30. Thit an múinteoir den (cathaoir) agus phléasc an rang amach ag gáire.

31. Thit mé i (grá) nuair a bhí mé sa Ghaeltacht anuraidh.

32. Tiocfaidh mo dheirfiúr abhaile ó (Sasana) um Nollaig.

33. Bhí brón an domhain ar (Pól) nuair a bhris sé a i-pod.

34. Baineadh geit as an (cailín) óg nuair a chonaic sí an púca.

35. An raibh tú riamh sa (Frainc)?

36. Ba mhaith liom dul go (Meiriceá) lá éigin.

37. Dé Luain seo caite, fuair mé deich euro ar an (talamh).

38. Chuaigh an teach in aice linn trí (tine) aréir.

39. An rachaidh tú isteach sa (cathair) ag an deireadh seachtaine?

40. Is breá le (Máire) a bheith ag éisteacht le (ceol).

Prepositions and verbs

Some verbs must be followed by a particular preposition to make sense and other verbs, when followed by a preposition, take on another meaning.

Féach ar – to watch	Buail le – to meet
Glaoigh ar – to call	Fan le – to wait for
Séid ar – to blow on	Croith lámh le – to shake hands with
Breathnaigh ar – to watch	
Buail ar – to knock on	Cuir le – to add to
Cas ar – to turn to	Éist le – to listen to
Croith ar – to wave at	Cabhraigh le – to help
Fill ar – to return to	Éirigh le – to succeed
Caith ar – to throw something onto	Labhair le – to speak to
	Taitin le – to enjoy
Cuir ar – to put on	Abair le – to say to
Brostaigh ar – to hurry	Caith le – to treat
Teip ar – to fail	Rith le – to occur to
Beir ar – to catch	
Braith ar – to depend on	Tabhair do – to give to
Impigh ar – to beg	Diúltaigh do – to refuse
Iarr ar – to ask (for a favour)	Taispeáin do – to show
	Oir do – to suit
Bain de – to take off	Inis do – to tell
Éirigh de – to get up from	Admhaigh do – to admit
Fiafraigh de – to ask (for information)	Géill do – to give into/to yield
Tuirling de – to get off	Cuir faoi – to settle
	Bain geit as – to give a fright to
Cuir as do – to annoy/bother	Cuir fáilte roimh – to welcome
Cuir isteach ar – to annoy	Teastaigh ó – to want
Fill ó – to return from	
Fan ó – to stay away from	
Íoc as – to pay for	

Practice

1. Dúirt mé _____ Seán go raibh ocras orm.

2. D'éirigh _____ hAoife sa scrúdú.

3. Ar fhill sibh ___ an mbaile déanach aréir?

4. Bhain an bhean an cóta _____ leanbh.

5. Chuireamar fáilte _____ an Uachtarán.

6. D'iarr mé ___ Úna a gúna a thabhairt ar iasacht dom.

7. Theip ____ mo dheartháir ina scrúdú tiomána.

8. Ghéill siad ____ na páistí beaga mar go raibh siad ag caoineadh.

9. Níor bhuail tú ___ an doras i gceart.

10. Ar bhuail sibh ____ bhur gcairde ag an deireadh seachtaine?

Prepositional Pronouns

What is an prepositional pronoun?

A Prepositional Pronoun is where a preposition combines with I, you, he, she etc.

The most common Prepositional Pronouns in Irish are in the boxes below. Have a look at them and then try and do the exercises that follow.

Ar = on
Orm = on me
Ort = on you
Air = on him
Uirthi = on her
Orainn = on us
Oraibh = on you (pl)
Orthu = on them

Do = to/for
Dom = to/for me
Duit = to/for you
Dó = to/for him
Di = to/for her
Dúinn = to/for us
Daoibh = to/for you (pl)
Dóibh = to/for them

Le = with
Liom = with me
Leat = with you
Leis = with him
Léi = with her
Linn = with us
Libh = with you (pl)
Leo = with them

Ag = at
Agam = I have/at me
Agat = you have/at you
Aige = he has/at him
Aici = she has/at her
Againn = we have/at us
Agaibh = you (pl) have/at you (pl)
Acu = they have/at them

As = out of
Asam = out of me
Asat = out of you
As = out of him
Aisti = out of her
Asainn = out of us
Asaibh = out of you (pl)
Astu = out of them

De = off
Díom = off me
Díot = off you
De = off him
Di = off her
Dínn = off us
Díbh = off you (pl)
Díobh = off them

Faoi = under/about
Fúm = under/about me
Fút = under/about you
Faoi = under/about him
Fúithi = under/about her
Fúinn = under/about us
Fúibh = under/about you
Fúthu = under/about them

Roimh = before
Romham = before me
Romhat = before you
Roimhe = before him
Roimpi = before her
Romhainn = before us
Romhaibh = before you
Rompu = before them

Practice

1. Tá súile gorm _____ agus gruaig rua _____ (mé).
2. Is aoibhinn _____ (sí) Gaeilge ach is fuath _____ (sé) í.
3. Cad is ainm _____ (tú)?
4. Baineadh geit mhór _____ (sinn) nuair a chualamar an torann.
5. Ar chuala tú an ráfla _____ (tú)?
6. Tháinig na fir isteach agus chuir an múinteoir fáilte _____ (siad).
7. Bhain sé a chóta _____ (sé).
8. Tá deartháir amháin _____ (sí) ach níl aon deirfiúr _____ (sí).
9. Tabhair _____ (mé) an leabhair sin.
10. Rachaidh mé ag siopadóireacht nuair a bheidh airgead _____ (mé).
11. An bhfuil aithne _____ (tú) ar an mbuachaill sin?
12. Níl a fhios _____ (siad) cá bhfuair siad an deoch.
13. An mbuailfidh tú _____ (mé) ag an dioscó Dé hAoine?
14. Chuala mé mo thuistí ag labhairt _____ (mé) sa seomra suí aréir.
15. Is cuma _____ (sí) cad a cheapann éinne _____ (sí).

3. AN SÉIMHIÚ AGUS AN TURÚ

- As we've seen in the previous section, some prepositions require you to put in a séimhiú and others require a letter before the word (urú).
- Go back to the start of this chapter to refresh your memory on the urú.

Here are some more words that require a séimhiú or an urú.

Séimhiú	Urú - letter before word
Mo – my	Ár – our
Do - your	Bhur – your (plural)
A - his	A – their
Nuair a – when	
Má – if (+ present/future)	Dá – if (+ conditional)
Gur – that (positive past tense with regular verbs)	
Nár – that (negative past tense)	Go – that (positive present/future/conditional tense)
	Nach – that (negative present/future/conditional tense)
Ró – too	
An- – very	
Uimhreacha 1–6	Uimhreacha 7–10

Revision!

Using the boxes below, go back over the previous sections in this chapter and put together all of the words that put a séimhiú or an urú on the following nouns.

Séimhiú	Urú - letter before word

4. ADJECTIVES

What is an adjective?

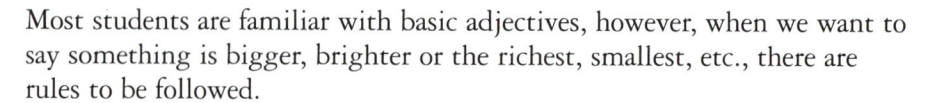

An adjective (aidiacht in Irish) describes a noun e.g. a *big* car, a *small* girl

Most students are familiar with basic adjectives, however, when we want to say something is bigger, brighter or the richest, smallest, etc., there are rules to be followed.

- If an adjective ends in -(e)ach, it changes to -í/-aí

  e.g. uafásach – níos uafásaí (horrible – more horrible)

- If an adjective ends in –úil, it changes to –úla

  e.g. cáiliúil – is cáiliúla (famous – most famous)

- If an adjective ends in a vowel, there is no change

  e.g. cliste – níos cliste (clever – more clever)

- Other adjectives may need to change to a slender form and add an -e

  e.g. dubh – níos duibhe (black – blacker)

There are of course exceptions to the rule and these must be learnt!

Beautiful	Álainn	Níos áille (more beautiful)	Is áille (most beautiful)
Nice	Breá	Níos breátha	Is breátha
Wet	Fliuch	Níos fliche	Is fliche
Short	Gearr	Níos giorra	Is giorra
Slow	Mall	Níos moille	Is moille
Hot	Te	Níos teo	Is teo
Fair	Fionn	Níos finne	Is finne
Heavy	Trom	Níos troime	Is troime
Big	Mór	Níos mó	Is mó
Small	Beag	Níos lú	Is lú
Good	Maith	Níos fearr	Is fearr
Bad	Olc	Níos measa	Is measa
Easy	Furasta	Níos fusa	Is fusa
Long	Fada	Níos faide	Is faide
Hard	Deacair	Níos deacra	Is deacra

Practice

1. Tá an seomra sin geal ach tá an t-áiléar níos _____.
2. Tá mé cliste ach tá mo dheirfiúr níos _____.
3. Is é seo an leabhar is _____ (maith) riamh!
4. Is é sin an scannán is _____ (olc) riamh!
5. Is é Tomás an buachaill is _____ (sean) sa rang.
6. Tá an rang mata níos _____ (leadránach) ná an rang Gaeilge.
7. Is í an ealaín an t-ábhar scoile is _____ (maith) liom.
8. Tá tíortha na hAfraice i bhfad níos _____ (te) ná Éire.

Possessive adjectives

Before a consonant	Before a vowel (a,e,i,o,u,)
Mo chat – my cat	M'athair – my father
Do chat – your cat	D'athair – your father
A chat – his cat	A athair – his father
A cat – her cat	A hathair – her father
Ár gcat – our cat *(urú)*	Ár n-athair – our father *(urú)*
Bhur gcat – your (plural) cat	Bhur n-athair – your (plural) father
A gcat – their cat	A n-athair – their father

Note that 'a' for her, means that a 'h' goes before a vowel.

Practice

1. Mo (mála) =
2. Do (madra) =
3. A (his) (deirfiúr) =
4. A (her) (gairdín) =
5. Ár (teach) =
6. Bhur (páiste) =
7. A (their) (cóipleabhar) =
8. Her coat =
9. Your (singular) car =
10. His bird =
11. Our homework =
12. Your (pl) kitchen =
13. My hair =
14. His nose =
15. Her hand =
16. Our clothes =
17. Their dream =
18. Your (sing) head =
19. Her team =
20. Their friends =
21. Her place =
22. His country =
23. Our relatives =
24. Your (sing) doctor =
25. My watch =
26. My family =
27. Your (pl) room =
28. Our aunty =
29. His uncle =
30. Her uncle =
31. My daughter =
32. Your (sing) son =
33. His book =
34. Her teacher =
35. Our exam =
36. Your (pl) results =
37. Their office =
38. His journey =
39. Their hotel =
40. Our apartment =
41. Her key =
42. My TV =
43. Your (sing) song =
44. His football =
45. Her programme =
46. Our couch =
47. Your (pl) mobile phone =
48. Their pet =
49. My life =
50. His love =

5. NUMBERS AND COUNTING

When counting objects you:

- Use the singular of the noun, e.g. trí chapall
- Put in a séimhiú from 1-6, e.g. aon/dhá/trí/ceithre/cúig/sé pheann
- Put in an urú from 7-10, e.g. seacht/ocht/naoi/deich bpeann
- When counting 25, 26, 46, etc. of something, you can turn it around and say 5 ___ and 20, e.g. 25 cats = cúig chat is fiche.
- A séimhiú is put after 'déag' when the noun (singular) ends in a vowel, e.g. 13 people = trí dhuine dhéag but ceithre cheist **dé**ag.

N.B.

'Bliain' is an exception

Counting ages
Bliain amháin
Dhá bhliain
Trí /ceithre /cúig/sé bliana
Seacht/ocht/naoi/deich mbliana
Aon bhliain déag
Dhá bhliain déag
Trí/ceithre/cúig/sé bliana déag
Seacht/ocht/naoi mbliana déag
Fiche/tríocha/daichead/caoga/seasca/seachtó/ochtó/nócha/céad bliain

Counting people

Duine
Beirt
Triúr /ceathrar/cúigear/seisear/seachtar/ochtar /naonúr/deichniúr
Aon duine dhéag
Dháréag
Trí /ceithre /cúig/sé dhuine dhéag
Seacht /ocht/naoi nduine dhéag
Fiche /tríocha/daichead/caoga/seasca /seachtó /ochto /nócha/céad duine

Practice

1. 11 buachaill =
2. 35 duine =
3. 3 dochtúir =
4. 15 siopa =
5. 8 cailín =
6. 2 páiste =
7. 4 deartháir =
8. 7 scian =
9. 1 babhla =
10. 200 madra =
11. 11 múinteoir =
12. 19 custaiméir =
13. 20 fear =
14. 4 dalta =
15. 10 bád =
16. 14 (bliain) =
17. 20 (bliain) =
18. 9 seomra =
19. 5 geansaí =
20. 48 ríomhaire =
21. 82 tír =
22. 6 oileán =

6. THE GENITIVE CASE – AN TUISEAL GINIDEACH

- The tuiseal ginideach is the genitive case in Irish.
- The genitive case is used when:
  - A noun follows another noun and has a link or connection to it e.g. fear an tí – the man *of the* house, deirfiúr Mháire – the sister *of* Mary.
  - A noun follows a verbal noun *(an t-ainm briathartha)* e.g. ag imirt peile – playing football, ag glanadh an tí – cleaning the house.
  - A noun follows a compound preposition *(an réamhfhocal comhshuite)* e.g. i lár an lae – in the middle of the day, ar feadh na seachtaine – for the week.

  Other compound prepositions

i gceann – for (time)
ar son – for (on behalf of/in favour of)
in aice – beside
de réir – according to
ar fud – all over
i measc – among
i ndiaidh – after
in aghaidh – against
ar chúl – at the back

  - Quantity is in question (cainníocht) e.g. a lán airgid – a lot of money, an iomarca oibre – too much work

  Other words describing quantities

níos mó – more
níos lú – less
tuilleadh – more
dóthain – enough
neart – a lot
cuid – some
roinnt – some

General rules for the tuiseal ginideach!

1st declension	2nd declension	3rd declension	4th declension	5th declension
- Masculine nouns - They end on a broad consonant e.g. fear. - In the genitive case, they are made slender.	- Feminine nouns - They end on a consonant e.g. fuinneog. - In the genitive case, they are made slender and an 'e' is added.	- Masculine or feminine nouns - They end on a consonant. - Nouns to do with occupations are in this group e.g. múinteoir and these are all masculine. - In the genitive case, they are made broad and sometimes 'a' is added.	- Mainly masculine nouns - They end on a vowel or -ín. - In the genitive case these do not change much.	- Mainly feminine nouns - They end on a slender consonant (-il, -in, -ir) or a vowel. - If a noun ends on a slender consonant, -(e)ach may be added in the genitive case. - If a feminine noun ends on a vowel -n is usually added in the genitive case.
(Ceantar) Muintir an cheantair – the people of the area	(Seachtain) I rith na seachtaine – during the week	(Dochtúir) Cóta an dochtúra – the doctor's coat	(Cailín) Gruaig an chailín – the girl's hair	(Cathaoir) Cos na cathaoireach – the leg of the chair
(Fear) Hata an fhir – the man's hat	(Fuinneog) Leac na fuinneoige – the window ledge	(Ceacht) Ag ullmhú an cheachta – preparing the lesson	(Contae) Muintir an chontae – the people of the county	(Cara) Teach mo charad – my friend's house
(Sagart) Cóta an tsagairt – the priest's coat	(Áit) Ar fud na háite – all over the place	(Feol) Ag ithe na feola – eating the meat	(Bia) Ag ithe an bhia- eating the food	(Litir) Clúdach na litreach – the envelope
(Asal) Eireaball an asail – the donkey's tail	(Coill) I lár na coille – in the middle of the forest/wood	(Buachaill) Ainm an bhuachalla – the boy's name	(Mála) Dath an mhála – the colour of the bag	(Cathair) Lár na cathrach – the centre of the city
(Brat) Dath an bhrait – the colour of the flag	(Tír) Timpeall na tíre – around the country			(Abhainn) Bruach na habhann – the bank of the river
(Cnoc) Barr an chnoic – the top of the hill	(Sráid) Barr na sráide – the top of the street			
	(Scoil) Geata na scoile – the school gate			
	(Leadóg) Ag imirt leadóige – playing tennis			
	(Gaoth) Ar nós na gaoithe – as fast as the wind			

Other common tuiseal ginideach expressions that you can learn:

Hata an fhir	*The man's hat*
Ainm na mná	*The woman's name*
Ag cur fola	*Bleeding*
Ag glanadh an tí	*Cleaning the house*
Os comhair an tí	*In front of the house*
Cothrom na Féinne	*Fair play*
Ar imeall an bhaile	*On the edge of town*
Ag deireadh na hoíche	*At the end of the night*
Trasna an bhóthair	*Across the road*
Ceol na mara	*The music of the sea*
Teach na comharsan	*The neighbour's house*
Timpeall an domhain	*Around the world*
Ar son an rúin	*For the motion (debate)*
Cois farraige	*Beside the sea*
Lá i ndiaidh lae	*Day after day*

Exam practice

A. 1. Aoife is ainm _____. Cad is ainm _____?

2. An bhfuil aithne _____ ar an bhfear sin?

3. Is maith liom matamaitic ach is _____ liom Gaeilge.

4. Tá (30) dalta _____ i mo rang.

5. Tá gruaig rua _____.

6. Téim go _____ ag an deireadh seachtiane
   a) lár an chathair   b) lár na cathair   c) lár na cathrach

B. 1. Réitím go maith _____ mo thuismitheoirí.

2. Bhí fearg _____ m'athair nuair a chaill sé a chuid airgid.

3. Tá na scrúduithe ag teacht agus oibrím ó dhubh go _____.

4. Is aoibhinn liom bheith ag féachaint ____ an teilifís.

5. Bhí timpiste ar an _____ aréir.

6. Chaith mé an lá go léir ag glanadh
   a) an teach   b) na tí   c) an tí

C.
1. Tá meas _____ gach duine _____ an bPríomhoide.
2. Ní dhearna mé _____ obair bhaile agus bhí mé ___ dtrioblóid.
3. Tá (500) _____ dalta i mo scoil.
4. Tá mo dheirfiúr (13) _____ d'aois.
5. Imrím peil ar scoil _____ Domhnach.
6. Bhí Eoin as anáil tar éis a bheith ag rith _____
   a) ar nós na gaoth   b) ar nós na gaoithe   c) ar nós an ghaoth

D.
1. An bhfuil suim agat ___ cheol?
2. Tá Áine cliste ach tá Tomás níos _____ fós.
3. Is maith liom éisc ach is _____ liom feoil.
4. Dúirt Seán go raibh tinneas cinn _____.
5. Bhí na cailíní ina _____ ar an mbinse.
6. An bhfaca sibh _____?
   a) hata an fhear   b) hata na fear   c) hata an fhir

E.
1. Is é Michael Owen an _____ is fearr liom.
2. D'éirigh mo mham _____ a post anuraidh.
3. Dúirt an múinteoir _____ an mbuachaill dána dul go dtí an oifig.
4. Bhí gaoth láidir ag _____ aréir agus bhí _____ orm.
5. Bhí an áit ina cíor thuathail ó bhun go _____.
6. Nuair a chaill mé m'eochair, chaith mé an lá ag cuardach_____
   a) an teach   b) na tí   c) an tí

F.
1. Bhí eagla an domhain ar an bpáiste nuair a thit sí _____ chrann.
2. D'iarr mé cead _____ mo thuistí dul go dtí an dioscó.
3. Bhí trua againn _____ bhean bhocht.
4. Tá (12) _____ sa chlann sin!
5. D'fhanamar ___ óstán álainn sa Fhrainc sa samhradh.
6. Bhí cóisir ar siúl agus mar sin d'fhan mé i _____.
   a) dteach mo charad   b) dteach mo chara   c) dtí mo chara

G. 1. Tá Máire go hálainn cinnte ach ceapaim go bhfuil Úna níos _____.

2. Go tobann, tháinig liathróid isteach _____ an bhfuinneog.

3. Bhí _____ dul go dtí an dochtúir nuair a bhí mé tinn.

4. D'íoc mé ____ na ticéid ar an idirlíon.

5. Déanaim ___ dhícheall ach fós ní éiríonn go maith liom.

6. Tá an litir scríofa agam ach an bhfaca éinne _____?
a) clúdach an litir   b) clúdach na litreach   c) clúdach na litir

H. 1. Theip _____ sa scrúdú agus bhí díomá air.

2. An bhfaca tú do _____ (cara) ag an bpictiúrlann?

3. Cispheil an _____ is fearr liom.

4. Éirím go _____ ar maidin agus bíonn deifir _____.

5. Bhí mé as láthair ón scoil inné mar go raibh slaghdán _____.

6. Tá gairdín mór _____.
a) os comhair na tí   b) os comhair an teach   c) os comhair an tí

I. 1. Ní aontaím _____ na rialacha i mo scoil ar chor ar bith!

2. Buailfidh mé leat ag geata _____.

3. Phléasc sé amach ag _____.

4. Tá (2 coinín) _____ agus (3 madra) _____ aici.

5. Is iad Meitheamh, Iúil agus Lúnasa míonna _____.

6. Tá dearmad déanta agam ar _____ sin.
a) ainm an bhean   b) ainm na mná   c) ainm na mban

J. 1. Is _____ í mo mham, oibríonn sí san ospidéal.

2. Níl eagla orm _____ éinne.

3. Bhí stoirm ann i rith _____ aréir.

4. Cad a cheapann tú _____ scannán sin?

5. Tá súile gorma _____.

6. Gach samhradh caithim trí seachtaine _____ ag campa samhraidh.
   a) ag imirt leadóg   b) ag imirt leadóige   c) ag imirt leadóga

K. 1. Bunaíodh Feachtas sa bhliain (1980) _____.

2. Chaith mé trí _____ sa Ghaeltacht anuraidh.

3. Is é 'Friends' an _____ is fearr liom.

4. Ní raibh mé i m' _____, bhí (4 buachaill) _____ eile ann.

5. Bhí mé ag fanacht ____ mo chara ach bhí sí _____.

6. Faighim leabhar nua ón leabharlann ag _____.
   a) tús na míosa   b) tús na mí   c) tús an mhí

Past Exam Question
Junior Certificate 2010

A

Scríobh Shauna Ní Shúilleabháin an phróifíl seo den scríbhneoir Alex Hijmans. Nuair a bhí an phróifíl scríofa aici chonaic sí go raibh cúpla botún déanta aici. Tá cuid de na briathra san aimsir mhícheart aici.

Léigh an phróifíl a chum Shauna. Ansin athscríobh an phróifíl i do fhreagarleabhar agus cuir na briathra a bhfuil líne fúthu san **Aimsir Chaite**.

Sampla:

'**Bhog** sé go Gaillimh i 1995 chun Gaeilge a fhoghlaim.'

Turas Teanga

Rugadh Alex Hijmans in Heemskerk san Ísiltír i 1975. **Bogfaidh** sé go Gaillimh i 1995 chun Gaeilge a fhoghlaim. **Bainfidh** sé an tArd-Dioplóma i gCumarsáid Fheidhmeach amach ina dhiaidh sin. **Oibreoidh** Alex le Foinse, Raidió na Gaeltachta, RTÉ agus Nuacht TG4. **Beidh** a dhráma Aingilín ar siúl i mBaile Átha Cliath agus i nGaillimh in 2002. Sa bhliain 2007 **rachaidh** Alex go Meiriceá Theas. Tá eolas againn faoi seo toisc **go scríobhfaidh** Alex leabhar nua i nGaeilge le déanaí dar teideal Favela.

B

Giota téacs as suíomh gréasáin www.feachtas.ie atá anseo thíos. Athscríobh na habairtí i do fhreagarleabhar agus líon na bearnaí leis an bhfocal (na focail) is oiriúnaí agus scríobh an leagan ceart de na focail/figiúirí atá idir lúibíní.

Sampla:

Fáilte **romhat** chuig www.feachtas.ie

Fáilte .... chuig **www.feachtas.ie**
Tá eolas faoin eagraíocht *Feachtas* .... an suíomh gréasáin seo.
Bunaíodh *Feachtas* sa bhliain (1980) ....
Tá a lán daoine óga páirteach .... eagraíocht seo.
Is daoine óga faoi ocht .... déag d'aois atá i bh*Feachtas*.
   (a) bliain (b) bhliana (c) blianta (d) mbliana
Cuireann *Feachtas* an Ghaeilge chun cinn ar fud ....
   (a) an tír (b) na dtíre (c) na tíre (d) na tíortha

Section 4: Ceapadóireacht

The Ceapadóireacht question is Part 4 on Paper 1 of the exam. You must pick **one** of the following on which to write:

A. Aiste (Essay)
B. Scéal (Story)
C. Díospóireacht (Debate)
D. Alt (Article)

As topics tend to be similar for the essay, debate and article, this chapter is divided into 2 sections:

- An scéal
- An aiste/díospóireacht/alt

An Scéal

Exam guidelines

- The *scéal* is option B in this section.
- Two topics are given; in the first you are given the beginning of a story and you must continue on and in the second, you are asked to write about an incident that happened – eachtra a tharla. You must write on **one of these**.
- The story is written in the **past tense – An Aimsir Chaite**.
- The story should be around 350 to 400 words in length – about one and a half to two A4 pages.
- Remember, every story should have a beginning, middle and end. Make out a rough plan before you start.
- Keep your sentences short and simple, this way you'll make fewer mistakes.
- **Read over what you have written!** You will save marks.
- The story is worth 50 out of 240 marks and is therefore an extremely important part of your exam and you must prepare thoroughly beforehand to get a high mark.
- Spend 30-40 minutes on this section.

Past Exam Questions

Junior Cert 2010

(i) Bhí mo bhreithlá ann agus bheartaigh mé cóisir a bheith agam i mo theach féin, cé go raibh mo thuismitheoirí as baile...
(A birthday party when your parents were away)
nó

(ii) Déan cur síos ar eachtra a tharla duit agus tú amuigh ag siopadóireacht.
(Something that happened while you were out shopping)

Junior Cert 2009

(i) 'Níor shíl mé go dtiocfadh sé/sí ach ansin chuala mé...'
(I didn't think that he/she would come but then I heard...)
nó

(ii) Déan cur síos ar eachtra a tharla nuair a bhí tú féin agus do chara amuigh i lár stoirme.
(Something that happened when you and your friend were out in a storm)

Junior Cert 2008

(i) 'Ar chuala tú an fothram sin, a Sheáin? Céard ba chúis leis?' 'Níl a fhios agam, a chara, ach tá sé chomh maith dúinn an scéal a fhiosrú...'
('Did you hear that sound, Seán? What was it?' 'I don't know but we should investigate...')
nó

(ii) Eachtra a tharla nuair a bhí tú ar do laethanta saoire thar sáile an bhliain seo caite.
(Something that happened when you were on holidays abroad last year)

Junior Cert 2007

(i) 'D'éirigh mé go luath an mhaidin sin. Bhí mé ag tnúth go mór leis an lá a bhí romham amach...'
(I got up early that morning. I was looking forward to the day ahead...)
nó

(ii) Eachtra a tharla nuair a bhí tú féin agus do chara ag siopadóireacht sa chathair.
(Something that happened when you and your friend were shopping in the city.)

Vocabulary to learn

Learn the phrases and vocabulary below in preparation for this exam question – they will come in useful for any story.

Focloir

Laethanta na seachtaine / na míonna / na séasúir	Days of the week / months /seasons
An Luan	Monday
An Mháirt	Tuesday
An Chéadaoin	Wednesday
An Déardaoin	Thursday
An Aoine	Friday
Eanáir / Feabhra / Márta / Aibreán / Bealtaine / Meitheamh / Iúil / Lúnasa / Meán Fómhair / Deireadh Fómhair / Mí na Samhna / An Nollaig	January / February / March / April / May / June / July / August / September / October / November / December
An t-earrach Lár an earraigh	Spring The middle of spring
An samhradh Tús an tsamhraidh	Summer The beginning of summer
An fómhar Deireadh an fhómhair	Autumn The end of autumn
An geimhreadh Lár an gheimhridh	Winter The middle of winter

An t-am	The time
Bhí sé a haon / dó / trí / ceathair / cúig / sé / seacht / ocht / naoi / deich / haon déag / dó dhéag a chlog	It was one / two / three / four / five / six / seven / eight / nine / ten / eleven / twelve o'clock
Leathuair tar éis	Half past
Ceathrú tar éis	A quarter past
Ceathrú chun	A quarter to
Thart ar	Around
Meán oíche a bhí ann	It was midnight
Meán lae	Midday
Bhuail an chlog dhá bhuile dhéag	The clock struck twelve

Foclóir

An aimsir	The weather
Maidin fhuar a bhí ann	It was a cold morning
Maidin fhliuch	A wet morning
Bhí gaoth nimhneach ag séideadh	There was a bitter wind blowing
Bhí stoirm ag réabadh amuigh	A storm was raging outside
Tintreach agus toirneach	Thunder and lightning
Ag cur sneachta go trom	Snowing heavily
Ag stealladh báistí	Lashing rain
Bhí an ghrian ag scoilteadh na gcloch	The sun was splitting the rocks
Ní raibh fiú scamall sa spéir	There wasn't even a cloud in the sky

Mothúcháin	Emotions
Brón	Sadness
Áthas	Happiness
Sceitimíní	Excitement
Díomá	Disappointment
Náire	Shame
Eagla	Fear
Faitíos	Fear
Imní	Anxiety

e.g. Bhí áthas orm – I was happy
Bhí sceitimíní orainn – We were excited

Other handy phrases

Foclóir

Ní raibh cíos, cás ná cathú orm	I hadn't a worry in the world
Ar deargbhuile	Raging
In umar na haimléise	In the depths of despair
Fuar le scanradh	Cold with fear
Préachta leis an bhfuacht	Frozen with the cold
Tuirseach traochta caite amach	Exhausted
Lag leis an ocras	Weak with the hunger
Stiúgtha leis an tart	Parched from the thirst

Below is a list of topics that will be dealt with in this section. Each topic is broken down into a series of easy to follow steps – **vocabulary, sample story, translate, finish off and write your own story.**

Timpiste	**An accident**
Cóisir	**A party**
Robáil	**A robbery**
Ceolchoirm / cluiche	**A concert / a game**

The vocabulary and phrases have been divided into three sections:

- **Tús an scéil**   *Beginning of the story*
- **Lár an scéil**   *Middle of the story*
- **Críoch an scéil**   *End of the story*

Worked example 1 – Timpiste

Step 1
Vocabulary

Cabhair

Tús an scéil

Is maith is cuimhin liom an lá	I remember the day well
Maidin fhuar ag deireadh an fhómhair a bhí ann	It was a cold morning at the end of autumn
Dhúisigh mé de gheit nuair a chuala mé an clog aláraim ag bualadh	I woke with a start when I heard the alarm clock
Luigh mé siar sa leaba	I lay back in the bed
D'éirigh mé de gheit	I jumped up
Bheinn déanach don scoil	I would be late for school
Chomh tapa agus ab fhéidir liom	As quick as I could
Amach liom	Out I went
Raidió cluaise	A walkman
Bhíodh mo thuismitheoirí i gcónaí ag rá liomsa	My parents were always telling me
Gan an raidió cluaise a chur ar siúl agus mé ag rothaíocht	Not to have the walkman on when I was cycling
Níor thug mé aird ar bith…	I didn't pay any attention…

Lár an scéil

An oíche roimhe	The night before
Lean mé ar aghaidh	I continued on
Nuair a shroich mé an crosbhóthar	When I reached the crossroad
Níor fhéach mé timpeall orm in aon chor	I didn't look around me at all
Díreach os mo chomhair	Directly in front of me
Shleamhnaigh sé / bhuail sé in aghaidh / leag sé mé	It slipped / it hit against / it knocked me down
Sciorr sé ach bhí sé ródhéanach	He skidded but it was too late
Bhí mé sínte ar mo dhroim ar thaobh an bhóthair	I was stretched flat on my back, at the side of the road

Cabhair

Rith sé chugam	He ran towards me
Gan a thuilleadh moille	Without delay
I bpreabadh na súl	In the blink of an eye
Bhí mé ar ballchrith le heagla	I was shaking with fear
Baineadh geit asam	I got a terrible fright
Bhí mo chroí i mo bhéal	My heart was in my mouth
Lig mé scread asam	I screamed
Ní raibh a fhios agam cad ba chóir dom a dhéanamh	I didn't know what I should do
Céard a dhéanfainn?	What would I do?
Ag cur fola / tinneas cinn / lag	Bleeding / a headache / weak
Gan aithne, gan urlabhra	Unconscious
Tiománaí an chairr	The driver of the car
Chuir sé fios ar an otharcharr	He called for the ambulance
Cuireadh mé ar shínteán	I was put on a stretcher
Tógadh mé go dtí an Roinn Timpiste agus Éigeandála	I was taken to the Accident and Emergency Unit
Rinne an dochtúir scrúdú orm	The doctor examined me
Ag scoilteadh le pian	In terrible pain
Instealladh / plástar Pháras / bindealán / x-gha	An injection / plaster of Paris / a bandage / x-ray
An t-altra	The nurse

Críoch an scéil

Ba bheag nár thit siad i laige	They nearly fainted
Nuair a chuala siad céard a tharla	When they heard what had happened
Thug siad íde béil dom	They gave out to me
Bhí an t-ádh dearg liom	I was really lucky
Ní raibh mé gortaithe go dona	I wasn't hurt badly
Scriosta	Wrecked
Mise á rá	I'm telling you
Gan bréag a insint	Not to tell a lie
Ina dhiaidh sin	After that
D'fhoglaim mé ceacht luachmhar an lá sin	I learned a valuable lesson that day
Ní dhéanfaidh mé dearmad ar an lá sin go deo	I'll never forget that day

Step 2
Example

An gheit is mó a baineadh asam riamh
The biggest fright I ever got

Tús an scéil
Is cuimhin liom an lá go maith, an 3 Deireadh Fómhair a bhí ann. Dhúisigh mé nuair a chuala mé an clog aláraim ag bualadh, ansin luigh mé siar sa leaba ar feadh cúpla nóiméad ag éisteacht leis an raidió. Thit mo chodladh orm arís agus d'éirigh mé de gheit nuair a chuala mé an t-am – leathuair tar éis a hocht! Bheinn déanach don scoil.

Gan a thuilleadh moille rith mé isteach sa seomra folctha. Nigh mé m'aghaidh agus m'fhiacla chomh tapa agus ab fhéidir liom agus síos an staighre liom. Rug mé greim ar mo mhála scoile agus amach liom gan aon bhricfeasta a ithe. Thóg mé mo raidió cluaise amach ó mo mhála scoile, chuir mé ormsa é agus ansin léim mé ar mo rothar. Bhíodh mo thuismitheoirí i gcónaí ag rá liomsa gan an raidió cluaise a chur ar siúl agus mé ag rothaíocht ach níor thug mé aird ar bith orthu.

Lár an scéil
Lá fliuch a bhí ann, bhí sé ag stealladh báistí an oíche roimhe agus bhí na bóithre fós sleamhain. Lean mé ar aghaidh síos an bóthar ag canadh leis an raidió. Nuair a shroich mé an crosbhóthar, níor fhéach mé timpeall orm in aon chor. Go tobann chonaic mé carr díreach os mo chomhair amach. Níor chuala mé a adharc. Sciorr sé ach bhí sé ródhéanach agus i bpreabadh na súl bhí mé ar mo dhroim ar thaobh an bhóthair.

Léim tiománaí an chairr amach agus rith sé chugam. Chuir sé fios ar an otharcharr. Tháinig sé gan mhoill agus cuireadh mé ar shínteán agus tógadh mé go dtí an Roinn Timpiste agus Éigeandála. Bhí mo chos ag cur fola agus bhí pian uafásach i mo cheann. Rinne an dochtúir scrúdú orm. Glacadh x-gha de mo chos agus tugadh instealladh dom. Chuir an t-altra fios ar mo thuismitheoirí.

Deireadh an scéil
Shroich mo thuismitheoirí an t-ospidéal an tráthnóna sin agus ba bheag nár thit siad i laige nuair a chuala siad céard a tharla. Thug siad íde béil dom faoin raidió cluaise ach bhí áthas an domhain orthu go raibh mé ceart go leor. Dúirt siad go raibh an t-ádh dearg liom. Bhí an rothar scriosta ach ní raibh mé gortaithe go dona. Baineadh geit uafásach asam an lá sin ach d'fhoghlaim mé ceacht luachmhar agus mise á rá leat gur fhág mé an raidió cluaise sa mhála nuair a fuair mé mo rothar nua cúpla mí ina dhiaidh sin!

Step 3

Translate

1. I remember the day well.

2. I woke up when I heard the alarm clock ringing and I lay back in bed for a few minutes.

3. I would be late for school.

4. I ran into the bathroom without delay.

5. My parents were always telling me not to have the walkman playing while I was cycling.

6. It was lashing rain the night before, the roads were still slippery.

7. I didn't look around me.

8. In the blink of an eye, I was on my back on the side of the road.

9. I was put on a stretcher and brought to Accident and Emergency.

10. My parents nearly fainted when they heard what had happened.

Step 4
Finish it off!

Maidin fhuar ag deireadh an fhómhair a bhí ann. Bhí gaoth nimhneach ag séideadh agus bhí leac oighir ar an mbóthar. Bhí sé ag cur sneachta an oíche roimhe. Bhí mé préachta leis an bhfuacht ag fanacht ar an mbus scoile. Ansin chonaic mé mo chara Seán ag teacht trasna an bhóthair. Níor fhéach sé timpeall in aon chor. Ghlaoigh mé amach ach ní fhaca sé an bus ag teacht ina threo. Sciorr an bus ach bhí sé ródhéanach…

Handy Hint

Use a wide variety of verbs in your story. Avoid repeating the same ones e.g. *'Bhí mé, Chonaic mé, Rinne mé'* etc. Make use of *'An Chopail'*, e.g. *'B'uafásach an oíche í', 'Ba mhór an trua é'*.

Step 5

Practice

(i) Déan cur síos ar thimpiste a tharla i gclós na scoile – (*Describe an accident that happened in the school yard*)

(ii) 'Bhí tuirse orm an oíche sin. Bheartaigh mé ar dhul (*I decided to go*) go dtí mo leaba go luath (*early*). Mhúch mé (*I turned off*) an teilifíseán agus suas an staighre liom. Go tobann chuala mé torann uafásach (*a terrible noise*) taobh amuigh ar an mbóthar…'

Worked example 2 – Cóisir

Step 1
Vocabulary

Cabhair

Tús an scéil

Bhí siad as baile	They were out of town
Líon siad an carr	They packed the car
Thug siad aghaidh ar an aerfort	They headed for the airport
D'fhág mé slán leo	I said goodbye to them
Fágtha i bhfeighil an tí	Left in charge of the house
I gceannas	In charge
Chomh luath is a bhí siad imithe	As soon as they were gone
Smaoinigh mé ar phlean	I thought of a plan
An dioscó áitiúil	The local disco
Bhí sé ar intinn agam	I intended to
Éalú amach tríd an bhfuinneog	Escape out of the window
Dréimire	A ladder
Lig mé orm	I pretended

Lár an scéil

Shroich gach duine an teach	Everyone arrived at the house
Ceirníní / dlúthdhioscaí	Records / cds
Alcól / buidéil / cannaí stáin / bruscar	Alcohol / bottles / cans / rubbish
Ag damhsa / ag caint	Dancing / chatting
Ag baint taitnimh as an oíche	Enjoying the night
Atmaisféar iontach	A great atmosphere
Bhí mé as anáil tar éis a bheith ag damhsa	I was out of breath from dancing
Grúpa / scata	A group
Bhí an áit lán	The place was full
Plódaithe	Packed
Torann uafásach	A terrible noise
Ag fiosrú an scéil	Investigating

Cabhair

Níor chreid mé mo shúile	I couldn't believe my eyes
Trí chéile ó bhun go barr	In a mess from top to bottom
Daoine ag iomrascáil ar an urlár	People wrestling on the floor
Déagóirí dallta ar meisce	Blind drunk teenagers
Sínte ar a d(h)roim	Flat on his / her back
Bhí m'aghaidh bán le heagla	My face was pale with fear
Ba bheag nár thit mé i laige	I nearly fainted
Comharsana	Neighbours
Chuala mé cnag ar an doras	I heard a knock on the door
Chuaigh gach duine i bhfolach	Everyone hid
Ag gearán	Complaining
Ag tabhairt amach	Giving out
Ag faire orainn	Watching us
Bhí an ceol róbhríomhar	The music was too loud
Daoine amuigh ar an díon	People out on the roof
Bhí mé i gcruachás / i bponc	I was in a fix / in a dilemma
Bheinn i dtrioblóid gan amhras	I would be in trouble no doubt
Chuir siad fios ar na Gardaí	They called the Guards

Deireadh an scéil

Sheas mé i mo staic le faitíos	I stood rooted to the spot
An carr patróil	The patrol car
Chuardaigh siad an áit	They searched the place
Thug siad faoi deara	They noticed
D'inis mé bréag dóibh	I told them a lie
Níor chreid siad mé	They didn't believe me
Dúirt mé nach raibh a fhios agam go raibh...	I told them that I didn't know that...
Nuair a d'fhill mo thuismitheoirí abhaile	When my parents returned home
Ar deargbhuile	Raging
Níor fhág siad muidne inár n-aonar arís	They didn't leave us alone again
Baineadh geit uafásach asam an oíche sin	I got a terrible fright that night
Sin oíche nach ndéanfaidh mé dearmad uirthi go deo	That's a night I'll never forget

Step 2
Example

Scríobh faoi rud éigin a tharla le linn cóisire i do theach nuair a bhí do thuismitheoirí as baile.

Write about something that happened during a party in your house while your parents were out of town.

Tús an scéil

Deireadh seachtaine amháin i lár an tsamhraidh d'imigh mo thuismitheoirí go Londain. Bainis carad leo a bhí ann. Ar an Aoine, líon siad an carr le málaí agus thug siad aghaidh ar an aerfort. Bhí mo dheirfiúr Áine fágtha i bhfeighil an tí. Bhí uirthi aire a thabhairt dom.

Chomh luath is a bhí mo thuismitheoirí imithe dúirt Áine go raibh sí chun dul go dtí an diosco áitiúil lena cairde féin. Thug sí fiche euro dom agus dúirt sí liom glao a chur ar mo chara Bríd agus cuireadh a thabhairt di an oíche a chaitheamh sa teach. Bhí mé lánsásta é sin a dhéanamh. Chuir mé glao ar Bhríd ar a sé. Nuair a chuala sí nach raibh mo thuismitheoirí sa bhaile dúirt sí go raibh plean aici. Bheadh cóisir againn. Cheap mé gur smaoineamh iontach é sin!

Lár an scéil

Chuireamar glao ar ár gcairde scoile. Bhí gach duine ar bís nuair a chuala siad faoin gcóisir. Thart ar a hocht a chlog shroich gach duine an teach agus bhí atmaisféar iontach ann. Bhí grúpa amháin ag damhsa sa seomra suí agus bhí scata eile ag ithe ceapairí agus ag caint sa chistin. Bhí an áit plódaithe le daoine agus bhí gach duine ag baint taitnimh as an oíche. Ar a deich a chlog chuala mé torann uafásach sa halla. Rith mé amach ag fiosrú an scéil. Bhí Bríd sínte ar a droim ar an urlár. Níor chreid mé a bhfaca mé – céard a tharla? Dúirt duine éigin gur ól sí a lán alcóil agus gur thit sí. Anois bhí sí sínte ar a droim i lár an halla agus í dallta ar meisce!

Ag an nóiméad sin, chuala mé cnag ar an doras. Shiúil mé go mall i dtreo an dorais. D'oscail mé é agus ba bheag nár thit mé i laige nuair a chonaic mé cé a bhí ann – na Gardaí! Bhí an ceol róbhríomhar agus chuir na comharsana fios ar na Gardaí. Bhris fuarallas amach ar m'éadan. Bhí mé i bponc gan amhras. Tháinig na Gardaí isteach nuair a thug siad faoi deara nach raibh mo thuismitheoirí sa bhaile. Bhí siad ar deargbhuile nuair a chonaic siad Bríd ar meisce sa halla. Dúirt mé leo nach raibh a fhios agam go raibh alcól sa teach ach ba chuma leo. Chuir siad glao ar thuismitheoirí Bhríde.

Deireadh an scéil

Bhí ar gach duine an teach a fhágáil agus fágadh i m'aonar mé. Ní ba dhéanaí, nuair a tháinig mo dheirfiúr Áine abhaile, ba bheag nár bhuail taom croí í nuair a chuala sí céard a tharla. Ghlanamar an teach agus chuamar a chodladh. Nuair a d'fhill mo thuismitheoirí abhaile ar an Domhnach, chuir tuismitheoirí Bhríde glao orthu agus d'inis siad an scéal dóibh. Bhí fearg an domhain ar mo thuismitheoirí linn agus mise á rá leat nár fhág siad muidne sa teach inár n-aonar arís! Ní dhéanfaidh mé dearmad ar an oíche sin go deo.

Step 3

Translate

1. One weekend in the middle of summer my parents went to London.

2. They packed the car and headed for the airport.

3. She had to take care of me.

4. She told me to ring Bríd and ask her to spend the night.

5. She said she had a plan.

6. Everyone was excited when they heard about the party.

7. I heard a terrible noise.

8. I couldn't believe my eyes – what had happened?

9. Everyone had to leave the house.

10. I'll never forget that night.

Step 4
Finish it off!

Oíche amháin i lár an gheimhridh a bhí ann. Chuala mé an teileafón ag bualadh thíos staighre. Mo chara Seán a bhí ann. Bhí a thuismitheoirí as baile agus bheadh cóisir ar siúl ina theach an oíche sin. Bhí mé ar bís nuair a chuala mé faoin gcóisir. Ach, nuair a chuir mé ceist ar mo Dhaid faoi (*when I asked my Dad*), dúirt sé nach raibh cead agam dul ann (*he said I couldn't go*). Bhí mé ar buile – bhí gach duine ón scoil ag dul. Ansin smaoinigh mé ar an dréimire a bhí amuigh sa ghairdín…

Step 5

Practice

Now use the vocabulary and phrases you have learned earlier to try and write both of these stories. Remember, you might be able to use some of the vocabulary and phrases from the previous topic too.

(i) Oíche a gcuimhneoidh mé go deo uirthi.
   (*A night I'll always remember*)

(ii) 'Bhí gach duine ag dul go dtí an chóisir sa chlub óige ach ní thabharfadh mo thuismitheoirí cead dom. Smaoinigh mé ar phlean…'
   ('*Everyone was going to the party in the youth club but my parents wouldn't let me go. I thought of a plan…*')

> **Points to Note**
>
> If you don't know the Irish word for something, don't put it down in English! Think of another way of saying it or leave it out altogether.

Worked example 3 – Robáil

Step 1
Vocabulary

Cabhair

Tús an scéil

Ag dul go dtí an t-ollmhargadh / an banc / an siopa / an siopa poitigéara	Going to the supermarket / bank / shop / chemist
Ag an ollmhargadh / ag an mbanc / sa siopa / sa siopa poitigéara	At the supermarket / bank / shop / chemist
Bhí mé i mo leaba ach ní raibh fonn codlata orm	I was in bed but I couldn't sleep
Ní fios go baileach cén t-am a dhúisigh mé	I'm not sure what time it was exactly when I woke up
Torann ait	A strange noise
Luigh mé mar chorpán	I lay like a corpse
Ar mo bhealach ar scoil	On my way to school
Scuaine fhada	A long queue
Thug mé faoi deara	I noticed
Cuma ait	Strange looking
Go tobann	Suddenly
Phléasc fear isteach	A man burst in
Gadaí	Robber
Gadaithe	Robbers
Ag caitheamh	Wearing
Gunna ina lámh aige	A gun in his hand
A thiarcais!	Oh my goodness!
Gan rabhadh	Without warning
Léim sé taobh thiar den chuntar	He jumped behind the counter
Ag lorg	Looking for
Airgead / drugaí	Money / drugs
An taisceadán	The safe

Cabhair

Lár an scéil

Líon sé an mála le hairgead	He filled the bag with money
Bhí ar gach duine luí ar an urlár	Everyone had to lie on the floor
Ní raibh gíog ná míog as éinne	There wasn't a sound out of anyone
Lig sé béic as	He shouted
Baineadh geit as gach duine	Everyone got a fright
Bhí sé ag cur allais go tiubh	He was sweating heavily
D'impigh mé air muid a ligean saor	I begged him to let us go
Níor bhog éinne	No one moved
I ngan fhios don ghadaí	Without the robber knowing
Cuireadh fios ar na Gardaí	The Guards were sent for
Cuma fhíochmhar ar a aghaidh	A fierce look on his face
Dhírigh sé a ghunna ar	He pointed his gun at
Scaoil sé urchar le	He shot at
Tit / thit sé	To fall / he fell
Ina chnap ar an urlár	In a heap on the ground
Ar luas lasrach	Quick as a flash
Rinne sé iarracht éalú	He tried to escape
Rith gach duine as an tslí	Everyone ran out of the way
Scread mé i mbarr mo chinn agus mo ghutha	I screamed at the top of my lungs
Ag iomrascáil	Wrestling
Troid mhillteanach	A terrible fight

Deireadh an scéil

Gabhadh é	He was caught
Thiomáin siad go staisiún na nGardaí	They drove to the Garda Station
Tógadh os comhair na cúirte é	He was brought before the court
Cuireadh i bpríosún é	He was put into prison
Sin é mo scéal; creid é nó ná creid	That's my story; believe it or not

Step 2
Example

'Chas mé timpeall, bhí cuma fhíochmhar ar aghaidh an fhir agus bhí gunna ina lámh aige. Céard a dhéanfainn? Bhí mé fuar le scanradh…'

I turned around, the man had a wild look in his face and he had a gun in his hand. What would I do? I froze with fear…

Tús an scéil

Is cuimhin liom an lá go maith, lár an earraigh a bhí ann. Bhí an ghrian ag taitneamh agus bhí gaoth bhog ag séideadh. D'fhéach mé ar m'uaireadóir, bhí orm brostú! Bhí sé a ceathrú chun a sé. Bhí mé ar mo bhealach go dtí an siopa poitigéara agus bheadh sé ag dúnadh ar a sé. Bhí mo Mham tinn agus bhí mé ag dul ann chun leigheas a cheannach di. Isteach liom sa siopa agus bhí mé ag labhairt leis an bpoitigéir nuair a phléasc fear isteach. Chas mé timpeall, bhí cuma fhíochmhar ar aghaidh an fhir agus bhí gunna ina lámh aige. Céard a dhéanfainn? Bhí mé fuar le scanradh.

Lár an scéil

Baineadh geit uafásach asam. Lig an fear béic as. Bhí drugaí agus airgead ag teastáil uaidh. Dhírigh sé an gunna ar an bpoitigéir agus bhí orm luí ar an urlár. Bhí beirt eile sa siopa freisin ach ní raibh gíog ná míog as éinne. Bhí gach duine fuar le scanradh. Thosaigh an poitigéar ag líonadh mála le drugaí agus airgead. Bhí sé ag cur allais go tiubh. Ansin rug an gadaí ar an mála agus rith sé amach. Bhí cailín óg ag obair ar chúl an tsiopa agus i ngan fhios don ghadaí chuir sí fios ar na Gardaí. Nuair a d'imigh an gadaí ón siopa bhí na Gardaí ag fanacht leis.

Rinne an gadaí iarracht éalú agus scaoil sé urchar le Garda amháin. Thit sé ina chnap ar an talamh. Bhí sé ag scoilteadh le pian agus bhí a chos ag cur fola. Gan a thuilleadh moille, léim Garda eile ar dhroim an ghadaí agus rug sé ar an ngunna. Tar éis troid mhillteanach rug na Gardaí greim ar an ngadaí. Chuir siad fios ar an otharcharr agus thiomáin siad go dtí stáisiún na nGardaí.

Deireadh an scéil

Cúpla lá ina dhiaidh sin, tógadh an gadaí os comhair na cúirte agus cuireadh i bpríosún é. Chaith an Garda cúpla lá san ospidéal ach ní raibh sé gortaithe go dona – buíochas le Dia. Ba bheag nár thit mo thuismitheoirí i laige nuair a chuala siad an scéal. Mise á rá nach ndéanfaidh mé dearmad ar an lá sin go deo.

Step 3

Translate

1. I was on my way to the chemist.

2. I was speaking to the chemist when a man burst in.

3. I was cold with fear.

4. He was looking for drugs and money.

5. The chemist started filling bags with drugs and money.

6. The thief tried to escape and he shot one guard.

7. They called the ambulance and they drove to the Garda Station.

8. The thief was brought to court and put in prison.

9. My parents nearly fainted when they heard the story.

10. I'm telling you I'll never forget that day.

Step 4
Finish it off!

'Síos ar an urlár! Anois!' a scread sé. Chas mé timpeall. Níor chreid mé a bhfaca mé. Bhí cuma fhíochmhar ar an bhfear agus bhí gunna ina lámh aige. Mhothaigh mé mo chroí ag preabadh agus bhris fuarallas amach ar m'éadan.

Maidin álainn ag deireadh an tsamhraidh a bhí ann. Bhí mé sa bhanc agus bhí dhá chéad euro i mo phóca agam. Tháinig m'aintín abhaile ó Mheiriceá an tseachtain roimhe sin agus thug sí an t-airgead mar bhronntanas dom. Bhí sé ar intinn agam dul go dtí an banc an lá roimhe sin ach rinne mé dearmad air. Scread an fear arís agus lig bean amháin béic aisti…

Step 5

Practice

(i) 'Ní fios go baileach cén t-am a dhúisigh mé ach bhí mé cinnte gur chuala mé torann ait thíos staighre…'
(*'I wasn't sure at what exact time I had woken but I was certain that I had heard a strange noise downstairs…'*)

(ii) Eachtra a tharla ar thuras scoile
(*Something that happened on a school tour*)

Points to Note
Make sure you have a strong opening and closing to your story.
A good introduction will catch the reader's attention and a strong closing paragraph will give a good finish.

Worked example 4 - Ceolchoirm / Cluiche

Step 1
Vocabulary

Cabhair

Tús an scéil	
Bhuaigh mé na ticéid i gcomórtas raidió	I won the tickets in a radio competition
Ba é an chéad duais ná	The first prize was
Níor chreid mé ar chuala mé	I couldn't believe my ears
Thug mo thuismitheoirí na ticéid dom ar mo bhreithlá	My parents gave me the tickets on my birthday
Cheannaigh mé na ticéid ar an Idirlíon	I bought the tickets on the Internet
_____ ag seinm	_____ playing
Ag tnúth go mór leis an gceolchoirm	Really looking forward to the concert
I bPáirc an Fhionnuisce	In the Phoenix Park
An cluiche ceannais idir	The final between
Craobh na hÉireann	The All-Ireland
Mo chontae féin	My own county
Gléasta	Dressed
I ngeansaí Bhaile Átha Cliath	In the Dublin jersey
Bhí mo Dhaid ag tabhairt síbe dúinn	My Dad was giving us a lift
Ag dul ar an mbus / ar an traein	Going on the bus / train
Lár an scéil	
Shroicheamar	We reached
Bhí an ghrian ag scoilteadh na gcloch	The sun was splitting the rocks
Ag tosú ar a	Starting at
Ag críochnú ar a	Finishing at
Garda Slándála	Security Guard
Ag cuardach na málaí	Searching the bags
Gan fhadhb	Without a problem
Na socruithe	Arrangements

Cabhair

An banna	The band
Na foirne	The teams
Baill an bhanna	The band members
An lucht féachana	The audience
Bhí na mílte duine ann	There were thousands of people there
Bhí an áit dubh le daoine	The place was black with people
Plódaithe	Packed
Lig mé scread mhór asam nuair a chonaic mé	I screamed when I saw
Gar don stáitse	Close to the stage
Radharc maith ar an ardán	A good view of the stage
An pháirc imeartha	The playing pitch
Bhí atmaisféar leictreach le brath	The atmosphere was electric
Ag canadh leis an mbanna	Singing with the band
Bhí gach duine ag canadh in ard a gcinn agus a ngutha	Everyone was singing at the top of their lungs
Bhí na focail de ghlanmheabhair ag gach duine	Everyone knew the words off by heart
Bhí mo chroí i mo bhéal	My heart was in my mouth
Na seanamhráin	The old songs
Na hamhráin nua	The new songs
An réiteoir	The referee
Shéid sé an fheadóg	He blew the whistle
Cúl / cúilín	A goal / a point
Leath-am	Half time
An bua	Victory
An corn	The cup

Deireadh an scéil

Síniú	An autograph
T-léine / póstaer	T-shirt / poster
Áthas an domhain orm ag teacht abhaile	Delighted coming home
Tuirseach traochta caite amach	Absolutely exhausted
Shroich mé an baile déanach go leor	I got home late enough
Chodail mé go sámh an oíche sin	I slept soundly that night

Step 2
Example

'Bhí an cheolchoirm díreach ag tosú agus radharc an-mhaith againn ar an ardán…'

The concert was just about to start and we had a great view of the stage.

Tús an scéil

Is cuimhin liom an lá go maith, an Satharn an 4 Meitheamh a bhí ann. Bhuaigh mé comórtas raidió cúpla seachtain roimhe sin agus ba é an chéad duais ná dhá thicéad do cheolchoirm U2. Níor chreid mé é nuair a chuala mé gur bhuaigh mé. Thug mé cuireadh do mo chara Liam teacht liom agus bhíomar ag tnúth go mór leis an gceolchoirm.

D'éirigh mé go luath an Satharn sin. Chuir mé mo chuid éadaí orm agus d'ith mé mo bhricfeasta. Bhí an cheolchoirm ar siúl i bPáirc an Fhionnuisce agus mar sin bhí an bheirt againn ag dul go Baile Átha Cliath ar an traein. Bhí an traein ag fágáil an staisiúin ar a haon a chlog. Thug m'athair síob dúinn go dtí an stáisiún ar a leathuair tar éis a dó dhéag.

Lár an scéil

Shroicheamar Baile Átha Cliath ar a trí a chlog. Bhí an ghrian fós ag scoilteadh na gcloch. Bhí béile breá againn sa chathair agus ansin chuamar ar an mbus go dtí Páirc an Fhionnuisce. Bhí an áit dubh le daoine agus bhí gardaí slándála (*security guards*) i ngach áit ag cuardach na málaí – ní raibh cead ag éinne alcól a thabhairt isteach. Chuamar tríd na geataí gan fhadhb. Bhí an cheolchoirm díreach ag tosú agus radharc an-mhaith againn ar an ardán. Bhí banna éigin ag seinm ar feadh uair an chloig agus ansin bheadh U2 ag teacht amach.

Bhain an lucht féachana an-taitneamh as an mbanna sin agus nuair a tháinig baill U2 amach bhí atmaisféar leictreach le brath. Thosaigh siad ag canadh na seanamhrán ar dtús agus ansin cúpla amhrán ón albam nua. Bhí gach duine ag canadh leo in ard a gcinn agus a ngutha mar go raibh na focail go léir de ghlanmheabhair againn. Thóg Bono duine amháin suas ar an ardán leis. Ba bheag nár bhuail taom croí an duine sin!

Deireadh an scéil

Lean an cheolchoirm ar aghaidh go dtí a haon déag. Ansin, bhí orainn an bus a fháil ar ais go dtí an lár. Bhíomar ag fanacht i dteach mo dheirféar an oíche sin. Bhíomar ag bualadh léi i lár na cathrach. Shroicheamar a teach déanach go leor – timpeall a haon a chlog. Bhí mé tuirseach traochta caite amach agus mise á rá gur chodail mé go sámh an oíche sin.

Step 3
Translate

1. I invited my friend Liam to come with me and we were really looking forward to the concert.

2. My Dad gave us a lift to the station at half past twelve.

3. The sun was still splitting the rocks.

4. The place was crowded and there were security guards everywhere searching the bags.

5. The concert was just starting and we had a great view of the stage.

6. Everyone was singing along with them at the top of their voices.

7. That person nearly had a heart attack!

8. We were staying in my sister's house that night.

9. We were meeting her in the city centre.

10. I was absolutely exhausted and I'm telling you I slept soundly that night.

Step 4
Finish it off!

'Lá breá ag tús an tsamhraidh a bhí ann agus bhí an ghrian ag spalpadh na gcloch. D'éiríomar go luath an mhaidin sin mar go raibh an traein ag fágáil an stáisiúin ar a hocht a chlog. Bhíomar ag dul go Baile Átha Cliath chun féachaint ar an gcluiche ceannais idir Dún na nGall agus Ciarraí. Chuir m'athair na ticéid in áirithe cúpla seachtain roimhe sin (*my father had booked the tickets a few weeks before*) agus bhíomar go léir ag tnúth leis an lá…'

Step 5

Practice

(i) 'Sheas mé i mo staic, níor chreid mé a bhfaca mé! Bhí Robbie Williams díreach os mo chomhair amach agus bhí sé ag labhairt liomsa. Shín mé mo lámh amach go mall…'
('*I stood rooted to the spot, I couldn't believe my eyes! Robbie Williams was directly in front of me and he was talking to me. I stretched out my hand slowly…*')

(ii) Lá a gcuimhneoidh mé air go deo
(*A day I'll never forget*)

Key Points to Remember

- **Structure:** make sure that your story has a logical structure, with a beginning, middle and end. Before you begin writing, take a few minutes to make out a rough plan of what you will put in each paragraph.
- **Strong opening:** try to write an opening paragraph that is strong and interesting. This will engage your reader from the beginning.
- **Tense:** make sure all your verbs are in the past tense.
- **Variety:** use a variety of verbs and sentences and avoid repetition.
- **Review:** take some time at the end to read back over what you have written.

- **Aiste - Essay**
- **Díospóireacht - Debate**
- **Alt - Article**

Exam guidelines

- First of all, make sure you understand the title you're picking. If you have any doubts – don't do it!
- There is a large choice of topics – remember you only have to **pick one** out of any section.
- Your essay/debate/article should be about 350-400 words long – about one and a half to two A4 pages.
- Make a rough plan before you start with a **clear beginning, middle and end**. Make sure you have good, well-thought out points. It is essential to have prepared a number of topics before the exam.
- Learn off a number of phrases that you can use for any topic (ceapaim, ní dóigh liom, etc)
- The essay/debate/article should be written in a **mixture of tenses** – make sure you are using the correct one.
- Keep sentences short and simple to avoid mistakes.
- **Read over** what you have written.
- The essay/debate/article is worth 50 out of 240 marks. Spend 30-40 minutes on this question.

Past Exam Questions

Junior Cert 2010

Aiste
(i) An clár teilifíse is fearr liom.
(My favourite TV show).
(ii) Corn an Domhain sa Sacar san Afraic Theas 2010.
(The Soccer World Cup in South Africa in 2010).
(iii) Cairde agus comharsana.
(Friends and neighbours)

Díospóireacht
(i) Cuirtear an iomarca béime ar an spórt sna scoileanna.
(Too much emphasis is put on sport in schools)
(ii) Ba cheart deireadh a chur leis an obair bhaile.
(An end should be put to homework)

Alt
(i) Alt a scríobh faoi dhaoine bochta sa tír seo.
(Write an article about poor people in this country)
(ii) Alt a scríobh ar na fadhbanna atá ag daoine óga.
(Write an article about young peoples' problems)

Junior Cert 2009

Aiste
(i) Mo cheantar féin.
(My area)
(ii) An tábhacht a bhaineann le caitheamh aimsire i saol an duine.
(The importance of hobbies in a person's life)
(iii) An post ba mhaith liom amach anseo.
(The job I'd like in the future)

Díospóireacht
(i) 'Is crá croí é an fón póca.'
(The mobile phone is a cause of annoyance)
(ii) Áit ghránna í Éire go déanach san oíche ag an deireadh seachtaine.
(Ireland is a horrible place at night during the weekend)

Alt
(i) Alt a scríobh faoi sheó faisin i do scoil chun airgead a bhailiú do chúis charthanachta.
(Write an article about a fashion show in aid of charity in your school)
(ii) Alt a scríobh faoi cheolchoirm mhór le déanaí.
(Write an article about a big concert that took place recently)

Junior Cert 2008

Aiste	(i)	Bia folláin – an tábhacht a bhaineann leis i saol an duine. *(Healthy food – how important it is in our lives)*
	(ii)	An phearsa phoiblí is mó a bhfuil meas agam air/uirthi. *(A public person whom I respect)*
	(iii)	Cluichí Oilimpeacha 2008 i mBéising. *(The Olympic Games in Beijing)*
Díospóireacht	(i)	Ní thugann daoine fásta dea-shampla do dhaoine óga sa lá atá inniu ann. *(Adults do not give good example to young people today)*
	(ii)	Tugaimid aire mhaith don timpeallacht in Éirinn. *(We take good care of the environment in Ireland)*
Alt	(i)	Alt a scríobh faoi bhulaíocht i do scoil. *(Write an article on bullying in your school)*
	(ii)	Alt chuig an Aire Oideachais agus Eolaíochta faoi na hábhair a dhéantar ar scoil. *(Write an article for the Minister for Education & Science about school subjects)*

Junior Cert 2007

Aiste	(i)	Is breá an rud é a bheith óg sa lá atá inniu ann. *(It's a great thing to be young today)*
	(ii)	Oideachas – an tábhacht a bhaineann leis i saol an duine. *(Education – its importance in our lives)*
	(iii)	Nuair a cheannaigh mé iPod nua le déanaí. *(When I bought a new iPod recently)*
Díospóireacht	(i)	Is fiú saoire a chaitheamh in Éirinn *(It's worth holidaying in Ireland)*
	(ii)	Caitear an iomarca airgid ar chúrsaí spóirt. *(Too much money is spent on sport)*
Alt	(i)	Alt a scríobh faoi mhí-iompar dhaoine óga. *(Write an article about the misbehaviour of young people)*
	(ii)	Alt a scríobh faoi mhonarcha nua ceimiceán atá le hoscailt i do cheantar. *(Write an article about a new chemical factory which is to open in your area)*

Essay layout

The layout of your essay should look like this:

Tús – *a good, clear beginning, maybe explain the title.*
Do you agree or disagree?

Corp – *this is the middle of the piece where you explain each point you make, about 3 / 4 paragraphs.*
Point 1, Point 2, Point 3
Have a variety of points – avoid repetition.

Críoch – *a summary of the points you have made and your own final word. Maybe end with a proverb or a little phrase that you have memorised.*

Vocabulary to learn

Have a number of phrases learnt off beforehand.
You can use these in any essay.

Foclóir

Tús	The beginning
Ar an gcéad dul síos	Firstly
Samhlaítear domsa / feictear domsa	It seems to me
Caitheann daoine an iomarca ama	People spend too much time
Is maith is cuimhin liom	I remember well
Ceapann go leor daoine	A lot of people think
Ní aontaím leis sin ar chor ar bith	I don't agree with that at all
Aontaím go huile is go hiomlán leis an tuairim sin	I totally agree with that opinion
Is trua liom a rá	I'm sorry to say
Déarfainn	I would say
Táim lánchinnte de	I'm certain of it
For the díospóireacht – you must address your audience first.	
A chathaoirligh, a mholtóirí, a lucht an fhreasúra agus a lucht éisteachta, is é an rún atá á phlé againn inniu ná…	Chairperson, adjudicators, members of the opposition, ladies and gentlemen, the motion we are discussing today is…
Táim ar son an rúin	I am for the motion

Foclóir

Táim ag labhairt i gcoinne an rúin seo	I am speaking against the motion
Cuirfidh mé na cúiseanna os bhur gcomhair anois	I will now present you with the reasons

Lár — The middle

Cuir i gcás	Take for example
Gan amhras	Without a doubt
Thar fóir	Overboard
Ceapaim / sílim / is í mo thuairim / mo bharúil	I think / I think / it's my opinion
Is fíor a rá	It's true to say
Mar sin féin	All the same
Is ionann sin is a rá	That's as good as saying
Caithfidh mé a rá	I have to say
Go mbainim úsáid as	That I use
Ar aon nós	Anyway
Go háirithe	Especially
Is é an rud is fearr liom ná	What I prefer is
Is é an rud is measa liom ná	What I hate is
Is iontach go deo an rud é	It's a great thing altogether
Leis an bhfírinne a rá	To tell the truth
Is deacair a rá	It's hard to say
Is iomaí buntáiste a bhaineann le	There are many advantages to
Dá bhrí sin	Therefore
Ní dóigh liom go bhfuil	I don't think that
Tá a fhios agam	I know
Is oth liom a rá	I regret to say
Bheadh sé amaideach a rá nach mbíonn tionchar ag … orainn	It would be foolish to say that … doesn't have an influence on us
Tá béim rómhór ar	There is too much of an emphasis on
Deir daoine áirithe	Some people say

Foclóir

Críoch	The ending
Maidir liom féin, is dalta meánscoile mé	With regard to myself, I'm a secondary school student
Mar a dúirt mé cheana	As I've said before
Ó thús deireadh	From beginning to end
Go dtí seo	Until now
Ina ainneoin sin	Despite that
Mar fhocal scoir	As a parting word
Again, you need a specific finish for the díospóireacht	
Tá mo chuid argóintí cloiste agaibh anois	You have now heard my arguments
Tá súil agam go n-aontaíonn sibh go léir liomsa agus go bhfeiceann sibh nach bhfuil fírinne ar bith in argóintí an fhreasúra	I hope you all agree with me and see that there is no truth in the opposition's arguments
Go raibh maith agaibh as éisteacht liom	Thank you for listening to me

Why not conclude your essay with a proverb or *seanfhocal*.
Have a look at the proverbs below.

Foclóir

Mol an óige agus tiocfaidh sí	Praise youth and she will thrive
Aithníonn ciaróg ciaróg eile	It takes one to know one
Bíonn an fhírinne searbh	The truth hurts
Is glas iad na cnoic i bhfad uainn	Faraway hills are green
Is fearr an tsláinte ná na táinte	Health is better than wealth
Bíonn dhá insint ar scéal	There are two sides to every story
Níl aon tinteán mar do thinteán féin	There's no place like home
Ní lia duine ná tuairim	Everyone is entitled to their own opinion
Is fearr cairde ná ór	Friends are more valuable than gold
'Bíonn drochubh i ngach ciseán'	'There's a bad egg in every basket'
Is maith an scéalaí an aimsir	Only time will tell

PAPER 1 – SECTION 4: **CEAPADÓIREACHT**

Worked example 1
Na meáin chumarsáide / The media

Step 1
Vocabulary

Cabhair

An teilifís	TV
Clár	A programme
Cláir	Programmes
Clár nuachta / comhrá / faisnéise / siamsaíochta / eolaíochta / cócaireachta / grinn	A news / chat / documentary entertainment / science / cooking / comedy programme
Físeáin	Videos
Ag plé cúrsaí reatha	Discussing current affairs
Sobalchláir / galúntraí	Soaps
Láithreoir	A presenter
Fógraí	Advertisements

Do thuairim	*Your opinion*
Buntáistí agus míbhuntáistí	Advantages and disadvantages
Measaim gur áis iontach í	I think it's a great facility
Do dhaoine tinne / aosta / uaigneacha	For people who are sick / older / lonely
Comhluadar	Company
Is féidir linn eolas a fháil ó chláir faoi…	We can get information from programmes about…
Is áis foghlama agus siamsaíochta í an teilifís	The television is both educational and entertaining
Bheinn caillte gan í	I would be lost without it
Iontach / foréigneach / beoga / corraitheach / neamhréadúil / greannmhar / taitneamhach / gruama / uafásach / réalaíoch	Great / violent / lively / exciting / unrealistic / funny / enjoyable / gloomy / awful / realistic
An iomarca foréigin	Too much violence
Téimid i dtaithí ar na scéalta uafáis	We become used to the terrible stories
Chun an lucht féachana a mhealladh	To attract the viewers

97

Cabhair

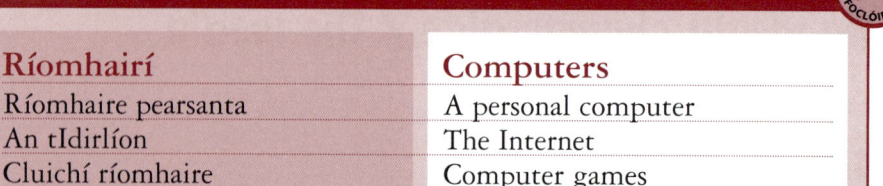

Ríomhairí	Computers
Ríomhaire pearsanta	A personal computer
An tIdirlíon	The Internet
Cluichí ríomhaire	Computer games
Ríomhphost	E-mail
Scáileán	Screen

Do thuairim	*Your opinion*
Ní bhíonn orainn bogadh as ár dtithe chun bualadh le daoine	We don't have to move from our houses to meet people
Earraí a cheannach	To buy things
Is féidir gach rud a dhéanamh ar an scáileán beag	Everything can be done on the small screen
Míphearsanta	Impersonal
Dainséarach	Dangerous
Níl aon smacht ar an Idirlíon	There's no control of the Internet
Cinsireacht	Censorship
Mí-oiriúnach	Unsuitable
Bíonn an iomarca cumhachta ag ríomhairí orainn	Computers have too much control over us

Nuachtáin	Newspapers
Iris	A magazine
Páipéar nuachta	A newspaper
Nuachtáin laethúla / sheachtainiúla	Daily / weekly newspapers
Scéalta móra an lae	The big stories of the day
Foghlaimítear	It is learned
Tuairisceoir	A reporter
Ceannlíne	Headline
Scríbhneoir / eagarthóir / foilsitheoir	Writer / editor / publisher
Iriseoir	Journalist
Nuachtán tablóideach	A tabloid newspaper
Leathanach teilifíse	The TV page
Cúrsaí gnó	Business matters
Faisean	Fashion
Léirmheas leabhair	Book review
Fógraí	Advertisements
Íomhá	Image
An pobal	The public
Daor	Expensive
Brú	Pressure
Mná áille	Beautiful women
Fir dhathúla	Handsome men
Na mionfhógraí	The small ads

Cabhair

Do thuairim	Your opinion
Tá nuachtáin agus irisí de gach saghas ar díol sna siopaí inniu	Every type of newspaper and magazine is on sale in the shops today
Tá tionchar an-mhór acu ar dhaoine óga agus aosta	They have a big influence on people – both young and old
Má bhíonn tú ar bhus, ar thraein…	If you're on a bus, a train…
I ngach áit thart timpeall ort	Everywhere around you
An saol príobháideach	The private life
Caighdeán	Standard
An iomarca fógraí	Too many adverts
Brú ar dhaoine	Pressure on people
Teastaíonn bréagáin dhaora ó pháistí	Children want expensive toys
Ní bhíonn an t-airgead ag tuismitheoirí	Parents don't have the money
Ceapann daoine gur chóir dóibh	People think that they should
A bheith tanaí / dathúil	Be thin / beautiful
Cosúil leis na daoine a fheiceann siad sna pictiúir	Like the people they see in the pictures
Dlíthe nua a chur i bhfeidhm chun smacht a chur ar na méain	To put new laws into place to control the media

Step 2
Example

Tionchar na meán cumarsáide ar an saol inniu

The influence of the media on life today

Tús

Ar fud an domhain tá tionchar an-mhór ag na meáin chumarsáide orainn. Féach timpeall ort! I mbeagnach gach teaghlach sa tír, tá ríomhaire pearsanta, teilifís, raidió, físeán, **gan trácht a dhéanamh ar** nuachtáin, irisí agus leabhair. Is féidir imeacht ó Bhaile Átha Cliath go Nua-Eabhrac go Sydney agus **cloistear na scéalta céanna**, na fógraí céanna agus feictear na cláir chéanna ar an teilifís.

Lár

Pointe 1

Ar an gcéad dul síos, cuir i gcás an tIdirlíon. Is fíor a rá nach mbíonn orainn bogadh as ár dtithe chun bualadh le daoine, ná earraí a cheannach. Is féidir gach rud a dhéanamh leis an eochairchlár agus an scaileán beag. Ach nach bhfuil sé mípearsanta agus dainséarach? Níl aon smacht ar an Idirlíon agus go minic **imríonn páistí cluichí mí-oiriúnacha** ar an ríomhaire. Measaim féin go mbíonn an iomarca cumhachta ag ríomhairí orainn inniu.

Pointe 2

Is deacair a rá dáiríre an mbíonn áit ar bith sa domhan nach mbíonn fógraí le feiceáil. Má bhíonn tú ar bhus, ar thraein, sa phictiúrlann nó sa bhaile, ag léamh irise nó nuachtáin, bíonn fógraí i ngach áit thart timpeall ort. Bheadh sé amaideach a rá nach mbíonn tionchar ag na fógraí sin orainn. Cuirtear brú ar thuismitheoirí bréagáin dhaora agus éadaí faiseanta a cheannach agus go minic ní bhíonn an t-airgead acu.

Pointe 3

Díoltar foilsiúcháin de gach saghas sna siopaí inniu. Ceannaíonn a lán daoine nuachtáin laethúla agus sheachtainiúla. Go minic léitear scéalta móra an lae ach **foghlaimítear** freisin faoi cheol agus faisean. Ach **caithfear an cheist a chur** – nach gcuireann na nuachtáin agus na hirisí seo isteach ar shaol daoine eile? Nach gcuireann siad isteach ar a saol príobháideach? Ceist mhór sna meáin le déanaí ná **ar chóir don Rialtas** smacht a chur ar na meáin chumarsáide?

Críoch

Leis an bhfírinne a rá, **is iomaí buntáiste a bhaineann** leis na meáin chumarsáide. Is comhluadar iad do dhaoine uaigneacha agus is iontach an áis oideachais iad do dhaltaí scoile. Maidir liom féin, is dalta meánscoile mé agus caithfidh mé a rá go mbainim úsáid as **gach gné** díobh i mo shaol féin ar scoil agus sa bhaile.

Gluais:

Gan trácht a dhéanamh ar	*not to mention*
Cloistear na scéalta céanna	*the same stories are heard*
Imríonn páistí cluichí mí-oiriúnacha	*children play unsuitable games*
Is deacair a rá dáiríre	*it is honestly hard to say*
Foghlaimítear	*it is learned*
Caithfear an cheist a chur	*the question must be asked*
Ar chóir don Rialtas	*should the Government*
Is iomaí buntáiste a bhaineann le	*there are many advantages to*
Gach gné	*every aspect*

Step 3
Translate

1. All over the world, the media have a big influence on us

2. Look around you!

3. In almost every house in the country

4. Take, for example, the Internet

5. It's true to say that we don't have to move from our houses to meet people

6. Everything can be done on the small screen

7. I think that computers have too much power over us

8. It would be foolish to say that these ads don't have an influence on us

9. Should the Government control the media?

10. It's a great educational facility for students

> **Points to Note**
>
> **Saorbhriathar form of verbs**
> -adh / -eadh (past tense), e.g. Briseadh / Dúnadh (It was broken / It was closed)
> -tear / -tar (present tense), e.g. Cloistear / Dúntar (It is heard / It is closed)
> -fear / -far (future tense), e.g. Cloisfear / Dúnfar (It will be heard / It will be closed)

Step 4

Practice

(i) Díospóireacht

'Is mór an cur amú ama é a bheith ag breathnú ar an teilifís'
(*'Watching television is a waste of time'*)

(ii) Alt

Tá an nuachtán *Lá* ag lorg alt ó dhaoine óga faoin ábhar

'An ríomhaire i saol an duine óig.' Scríobh an t-alt sin.

(*The newspaper* Lá *is looking for articles from young people on the subject 'The computer in the life of the young person'*)

Worked example 2
Cúrsaí scoile / School issues

Step 1
Vocabulary

Cabhair

Saol an scoláire	A student's life
Saol na scoile	School life
Cráite ag ullmhú le haghaidh scrúduithe	Tormented from preparing for exams
Níl ach brú, brú agus a thuilleadh brú ar dhaltaí inniu	There is only pressure, pressure and more pressure on students today
Céim	A degree
An ollscoil	University
Scoil, staidéar agus scrúduithe	School, study and exams
Ní thuigeann daoine fásta daoine óga	Older people don't understand young people
Is iad na laethanta seo na laethanta is fearr i mo shaol	These days are the best days of my life
Níl cíos, cás ná cathú orm	I haven't a worry in the world
Os comhair na leabhar	In front of the books
An Teastas Sóisearach	The Junior Certificate
Go maith ag	Good at
An córas oideachais	The educational system
Ró-acadúil	Too academic
Ba cheart go spreagfadh an scoil	School should encourage
Ábhair scoile	School subjects
Turais scoile	School tours
An-chostasach	Very expensive
Mol an óige agus tiocfaidh sí	Praise the youth and they will thrive

Obair bhaile	Homework
Cur amú ama é	It's a waste of time
Ní maith le héinne obair bhaile	No one likes homework
Ag gearán faoi	Complaining about

Cabhair

Aistí Béarla / cleachtaí Gaeilge / fadhbanna matamaitice	English essays / Irish exercises / maths problems
Le déanamh sa bhaile	To do at home
Rudaí níos taitneamhaí le déanamh	More enjoyable things to do
Caithfidh an dalta a bheith ábalta	The student has to be able to
Fadhbanna a réiteach dóibh féin	Solve problems for themselves
Ceisteanna samplacha	Sample questions
Ag foghlaim go neamhspleách	Learning independently
Ord agus eagar a chur ar a gcuid smaointe	Organise their thoughts
Scileanna nua a fhorbairt	Develop new skills
Is fiú é	It's worth it

Éide scoile — School uniform

Indibhidiúlacht an dalta scoile	Individuality of the student
Deireadh a chur leis	To stop
Is maith leo a bheith san fhaisean	They like to be in fashion
An-chostas	A lot of expense
Brú ar thuismitheoirí	Pressure on parents
Níos saoire	Cheaper
Chomh luath is a théann siad isteach sa bhunscoil	As soon as they enter primary school
Ró-óg	Too young
Ba cheart go mbeadh an córas oideachais ag iarraidh	The educational system should try to
Pearsantacht an linbh a fhorbairt	Develop the child's personality
Difriúil	Different
A stíl phearsanta féin	Their own style
Neamhspleáchas	Independence
Cosúil le gach leanbh eile	The same as every other child
Gá leis an éide scoile	A need for a school uniform
Ainm agus spiorad na scoile	The name and spirit of the school
Seó faisin	A fashion show
Ag magadh faoi	Teasing
Níos éasca	Easier
Maistíní	Bullies
Piocann siad ar dhaoine	They pick on people
Ciapann agus cránn siad iad	They torment them

Cabhair

An Ghaeilge sa chóras oideachais	Irish in the educational system
Teanga	Language
Ár dteanga náisiúnta	Our national language
Ár n-oidhreacht	Our heritage
An Ghaeltacht	The Gaeltacht
Téann a lán daltaí go dtí an Ghaeltacht gach samhradh	A lot of students go to the Gaeltacht every summer
An-spórt agus spraoi	Great fun
TG4	TG4
Raidió na Gaeltachta	Raidió na Gaeltachta
Irisí Gaeilge	Irish magazines
Céilí	Céilí
Bealach neamhfhoirmiúil chun an teanga a fhoghlaim	An informal way to learn the language
Béim rómhór ar ghramadach	Too much emphasis on grammar
Dátheangach	Bilingual
Cultúr na Gaeilge	The Irish culture
Scéalta agus dánta	Stories and poems
Tráth na gceist	A quiz
Scoileanna lán-Ghaeilge	All-Irish schools
Suim a spreagadh sna daltaí	To interest the students
Beatha teanga í a labhairt	For a language to live, it must be spoken

Step 2
Example

'Is iad na laethanta scoile na laethanta is fearr i do shaol'

'School days are the best days of your life'

Tús

A Chathaoirligh, a mholtóirí, a lucht an fhreasúra agus a lucht éisteachta. Is é an rún atá á phlé againn inniu ná 'Is iad na laethanta scoile na laethanta is fearr i do shaol'. Táimse agus an fhoireann go huile is go hiomlán i gcoinne an rúin seo agus tá súil agam go dtiocfaidh sibh lenár n-argóintí faoi dheireadh na díospóireachta.

Lár

Pointe 1

Ar an gcéad dul síos, caithfidh mé an cheist a chur – céard atá ar siúl ag an gcuid is mó d'**aos óg na tíre** seo? Táimid cráite ag ullmhú le haghaidh scrúduithe an t-am ar fad! Níl ach brú, brú agus a thuilleadh brú ar dhaltaí inniu. Ceapann **gach mac athar agus iníon máthar** go gcaithfidh céim de shaghas éigin a bheith acu chun aon **dul chun cinn a dhéanamh** sa saol. Scoil, staidéar agus scrúduithe – samhlaítear domsa nach bhfuil aon rud eile i saol an duine óig seachas na trí s-anna sin!

Pointe 2

Ní thuigeann daoine fásta daoine óga. Táim **tinn tuirseach** de bheith ag éisteacht le mo mháthair ag rá liom gurb iad seo na laethanta is fearr i mo shaol, nach bhfuil cíos, cás ná cathú orm. Ní thuigeann sí **saol an déagóra** in Éirinn inniu. Nuair a bhí mo thuismitheoirí óg ní raibh orthu pointí arda **a ghnóthú** san Ardteist chun dul ar aghaidh go dtí an ollscoil. Inniu tá orainn a bheith ag staidéar **ó dhubh go dubh** chun áit a fháil inti.

Pointe 3

Tá a fhios ag an saol go bhfuil **fadhb an óil** níos measa ná riamh in Éirinn. Tá daoine óga ó gach **aicme shóisialta** agus ó gach ceantar sa tír ag ól alcóil. Cén fáth? Níl a fhios agam an bhfuil freagra ceart ar an gceist seo. Feicimid gach lá ar scáileán na teilifíse nó i nuachtán nó iris, íomhánna de mhná áille agus d'fhir dhathúla. Cuirtear brú ar dhaoine óga a bheith tanaí agus dathúil agus éadaí faiseanta a chaitheamh. B'fhéidir go bhfuil an méid sin brú ar dhaltaí **go n-éalaíonn siad** isteach i ndomhan an óil. Tá na méain chumarsáide, go háirithe na páipéir nuachta, **lán de dhrochscéalta** faoi dhaoine óga. Ní thuigeann siad go bhfuil **cabhair agus tuiscint** ag teastáil uathu, ní **cáineadh agus brú**.

Críoch

Tá mo chuid argóintí cloiste agaibh anois. Tá súil agam go n-aontaíonn sibh go léir liomsa agus go bhfeiceann sibh nach bhfuil fírinne ar bith in argóintí an fhreasúra. Go raibh maith agaibh as éisteacht liom. Slán abhaile.

Points to Note

When starting off your debate, remember to address the person (people) to whom you are speaking and what side of the argument you are taking. Learn off the following opening as it can be used for most debates:

'A Chathaoirligh, a mholtóirí, a lucht an fhreasúra agus a lucht éisteachta …'.

Gluais:

Aos óg na tíre	the youth of the country
Gach mac athar agus iníon máthar	everyone
Dul chun cinn a dhéanamh	to progress
Tinn tuirseach	sick and tired
Saol an déagóra	a teenager's life
A ghnóthú	obtain
Ó dhubh go dubh	from morning to night
Fadhb an óil	drink problem
Aicme shóisialta	social class
Go n-éalaíonn siad	they escape
Lán de dhrochscéalta	full of bad news
Cabhair agus tuiscint	help and understanding
Cáineadh agus brú	criticism and pressure

Step 3
Translate

1. The team and I are completely against the motion.

2. We're tormented preparing for exams all of the time!

3. Everyone thinks that you have to have a degree to get on in life.

4. I'm sick and tired of listening to my mother tell me that I haven't a worry in the world.

5. These days, we have to study from morning to night to get a place...

6. Everyone knows that the alcohol problem is worse than ever in Ireland.

7. Young people from every social class and every area are drinking alcohol.

8. There is pressure on young people to be thin and beautiful.

9. Maybe they escape through drinking.

10. They need help and understanding, not criticism and pressure.

Step 4

Practice

(i) **Aiste**
Saol an duine óig in Éirinn inniu.
(*The life of a young person in Ireland today*)

(ii) **Alt**
Tá tuairimí láidre agat faoi éide scoile i do scoil féin. Scríobh an t-alt a chuirfeá chuig eagarthóir iris na scoile faoin ábhar sin.
(*You have strong opinions on school uniforms in your school. Write the article you would send to the editor of the school magazine on this subject*)

Handy Hint

If you are unsure about which side of the debate to take, start off by making a list of all the points for both sides of the argument before deciding which side you are taking.

Worked example 3
Spórt agus caithimh aimsire eile / Sport and other pastimes

Step 1
Vocabulary

Cabhair

Ag féachaint ar an teilifís	Watching TV
Ag léamh / léitheoireacht	Reading
Ag rothaíocht	Cycling
Ag obair ar an ríomhaire	Working on the computer
Ag imirt cluichí ríomhairí	Playing computer games
Ag seinm ceoil	Playing music
Ag iascaireacht	Fishing
Ag marcaíocht	Horseriding
Ag siopadóireacht	Shopping
Ag éisteacht le ceol	Listening to music
Ag seoltóireacht	Sailing
Ag siúl sna sléibhte	Walking in the mountains
Ag dul amach le mo chairde	Going out with my friends
Is aoibhinn liom	I love
Is breá liom	I love
Bainim an-taitneamh as a bheith ag	I really enjoy
Bainim suaimhneas as	I enjoy

Mar…	Because…
An cairdeas	Friendship
Ag comhoibriú lena chéile	Working with each other
Ag obair ar son daoine eile	Working for other people
An chraic	The craic
Chun mo scíth a ligean	To relax
Ag dul thart le do chairde	Hanging around with your friends
Ag imirt i gcoinne foirne eile	Playing against other teams
Ag foghlaim scileanna nua	Learning new skills
Bród asat féin nó as d'fhoireann	Proud of yourself or of your team
Neamhspleáchas	Independence

Cabhair

Ag obair as do stuaim féin	Working for yourself
Ag éalú isteach i ndomhan eile	Escaping into another world
Seans chun dearmad a dhéanamh ar na rudaí a chuireann isteach ort	A chance to forget about the things that annoy you
Ciúnas	Peace / Quietness
An tsaoirse	The freedom

Spórt / Sport

Peil / haca / cispheil / leadóg / rugbaí / snámh / sacar / peil Ghaelach / camógaíocht / iománaíocht / galf	Football / hockey / basketball / tennis / rugby / swimming / soccer / Gaelic football / camogie / hurling / golf
Cluiche coirn / léige / ceannais / craoibhe / leathcheannais	A cup game / a league game / a final / a championship game / a semi-final
Comórtas	A competition
Ar fheabhas / taitneamhach / go huafásach / go hiontach / réasúnta / sármhaith / corraitheach / leadránach / dochreidte / suimiúil / garbh	Great / enjoyable / terrible / brilliant / alright / great / exciting / boring / unbelievable / interesting / rough
Imrím	I play
Táim ar an bhfoireann…	I'm on the …team
Tá spórt an-tábhachtach do dhaoine óga	Sport is very important for young people
Sláinte an duine óig	The health of the young person
'Intinn fholláin i gcorp folláin'	'A healthy mind in a healthy body'
An cairdeas agus an chraic a bhaineann le spórt	The fun and friendship that can be gotten through sport
Clubanna spóirt	Sports clubs
Tugann imreoirí ar nós … dea-shampla / drochshampla do dhaoine óga	Players like…give a good example / a bad example to young people
Peileadóir den chéad scoth é	He is a top class footballer
Láidir / mear / uaillmhianach / sciliúil / cliste / cróga	Strong / fast / ambitious / skillful / clever / brave
Rugadh agus tógadh é i	He was born and raised in
Duine neamhleithleach / cabhrach / carthanach / cineálta / cairdiúil / cúthail é / í	He / She is an unselfish / helpful / charitable / kind / friendly / shy person
Déanann sé / sí an-chuid oibre do…	He / She does a lot of work for…
Tá an-mheas go deo agam air / uirthi	I have a lot of respect for him / her

Cabhair

Na fadhbanna	The problems
Millte ag cúrsaí airgid	Destroyed by money
An-chostasach	Very expensive
Trealamh spóirt	Sport equipment
Urraíocht	Sponsorship
Na comhlachtaí / cuideachtaí móra ag socrú gach rud	The big companies controlling everything
Níl seans ag gnáthdhaoine	Ordinary people don't have a chance
Brú	Pressure
Na Cluichí Oilimpeacha	The Olympic Games
Millte ag drugaí	Destroyed by drugs
Ró-iomaíoch	Too competitive
Is é an bua an rud is tábhachtaí	Winning is the most important thing
Géilleann na hiomaitheoirí do na drugaí	The competitors give in to drugs
Ag éileamh duaiseanna an-mhór	Demanding big prizes
Ag éirí santach	Becoming greedy
Cainéil na bealaí spóirt	The sports channels
Caithfidh tú íoc as	You have to pay for it
An lucht leanúna	The fans
Drochiompar	Bad behaviour
Ag troid	Fighting
Ag déanamh dochair do chúrsaí spóirt	Causing damage to sport
Foiréigean ar an bpáirc imeartha	Violence on the playing pitch
Drochmheas	Disrespect
Níl meas madra agam ar na daoine sin	I have no respect at all for those people
Ar an lámh eile	On the other hand
Bheadh daoine míshláintiúil gan an cleachtadh coirp	People would be unhealthy without the exercise
Ní féidir luach a chur ar an gcraic agus ar an tairbhe a bhaineann daoine as spórt	The fun and benefit that people get from sport is priceless
Ní ghlacann an chuid is mó den lucht spóirt druga ar bith	Most people involved in sport don't take drugs
Ceapann siad gur chóir cothrom na Féinne a thabhairt do gach imreoir	They believe in being fair to every player
Níl sé féaráilte	It's not fair
'Bíonn drochubh i ngach ciseán'	'There's a bad egg in every basket'

Step 2
Example

Tá an nuachtán *Foinse* ag lorg alt ó dhaoine óga faoin ábhar '**An réalta spóirt is rogha liom**'. Scríobh an t-alt a chuirfeá chuig eagarthóir an nuachtáin faoin ábhar sin.

Tús

Tá an-mheas agam ar Brian O'Driscoll. Faoi láthair tá sé ina chaptaen ar fhoireann rugbaí na hÉireann. Rugadh agus tógadh Brian i gCluain Tarbh i dtuaisceart Bhaile Átha Cliath agus d'fhreastail sé ar Choláiste na Carraige Duibhe. Nuair a bhí sé óg thaitin spórt go mór leis ach **deir sé** go raibh sé **leisciúil** ar scoil. D'imir sé rugbaí ar scoil agus deir a mhúinteoirí go raibh sé sciliúil, uaillmhianach ar an bpáirc imeartha.

Lár
Pointe 1

Tar éis an scoil a fhágáil d'fhreastail sé ar Choláiste na hOllscoile, Baile Átha Cliath agus thosaigh sé ag traenáil go dian. **Tugadh seans dó** i 1999 imirt ar fhoireann na hÉireann agus thaispeáin sé don bhainisteoir go raibh **tallann** agus scil aige. Ina dhiaidh sin thosaigh sé ag imirt **go rialta** ar an bhfoireann agus **i láthair na huaire** tá neart **caipín** buaite aige. De bharr freisin go bhfuil sé ina chaptaen ar an bhfoireann, **spreagann sé** na himreoirí eile.

Pointe 2

Fear mór láidir é Brian; i rith na seachtaine téann sé ag traenáil gach lá agus deir bainisteoir na foirne go bhfuil sé **an-díograiseach i dtaobh a dhualgas**. **Réitíonn sé go maith leis** na himreoirí eile ar an bhfoireann agus tugann sé **tacaíocht agus comhairle** do na himreoirí óga. Imríonn Brian i lár na páirce agus deirtear go bhfuil sé láidir agus mear ar an bpáirc imeartha.

Pointe 3

Fear cabhrach, tuisceanach é Brian O'Driscoll freisin. Ceapann sé go bhfuil spórt an-tábhachtach do dhaoine óga agus nuair a bhíonn am le sparáil aige tugann sé cuairt ar chlubanna agus scoileanna **chun an spórt a chur chun cinn**. Deir daoine i scoileanna agus clubanna ar fud na tíre go bhfuil **pearsantacht thaitneamhach** ag Brian agus go mbíonn sé **gealgháireach, anamúil**.

Críoch

Go minic na laethanta seo feictear Brian ar an teilifís. Tugann sé agallaimh **d'iriseoirí spóirt** agus déanann sé cur síos ar a shaol agus ar a phost mar chaptaen ar fhoireann rugbaí na hÉireann. Tá áthas orm gur **bhain sé clú agus cáil amach** agus tá an-mheas agam air.

Gluais:

Deir sé	he says
Leisciúil	lazy
Tugadh seans dó	he was given a chance
Tallann	talent
Go rialta	regularly
I láthair na huaire	at the moment
Caipín	a cap
Spreagann sé	he encourages
An-díograiseach i dtaobh a dhualgas	very diligent with regard to his duties
Réitíonn sé go maith le	he gets on well with
Tacaíocht agus comhairle	support and advice
Chun an spórt a chur chun cinn	to promote sport
Pearsantacht thaitneamhach	a good personality
Gealgháireach, anamúil	happy
Iriseoirí spóirt	sports journalists
Bhain sé clú agus cáil amach	he became famous

Step 3
Translate

1. I have great respect for Brian O'Driscoll.

2. He was born and raised in Clontarf, in the north of Dublin.

3. After leaving school, he attended University College Dublin.

4. He showed the manager that he had talent and skill.

5. He began playing regularly on the team.

6. Brian is a big, strong man.

7. He gives support and advice to the younger players.

8. He is a helpful, understanding man.

9. People in clubs all over the country say that he has a great personality.

10. I am happy that he has become famous and I have great respect for him.

Step 4

Practice

(i) **Aiste**
   Aoibhneas na léitheoireachta
   (*The enjoyment of reading*)

(ii) **Alt**
   'Tá mí-iompar imreoirí agus lucht leanúna ag déanamh dochair do chúrsaí spóirt.'
   (*The bad behaviour of players and fans is doing damage to sport*)

Points to Note

Don't forget to repeat your statement of conviction from the opening paragraph in your closing paragraph.

Key Points to Remember

- **Title:** make sure that you fully understand the title of the piece that you are chosing. If you are unsure of the topic, don't attempt it!
- **Length:** keep to 350 – 400 words.
- **Opening a debate:** when starting off a debate, remember to address the people you are speaking to and to state which side of the debate you are taking.

Paper 2
Section 1: Prós

Exam Guidelines

- This question is **Part 1** on **Paper 2** of your exam.
- There are **2 parts** to this question – Question 1 & Question 2.
- Question 1 involves reading an extract from a story and answering 3 questions – **you must answer one question from A, one question from B and the third can be from either A or B**. Generally the questions from A are easier to answer.
- **Read the questions before reading the story**, you can then mark some of the answers as you go through it.
- Look for any information above the piece or study any picture given – you might get a better idea of what the story is about.
- This question is worth 15 marks (3x5=15).
- About a half of an A4 page is sufficient for your three answers.
- Question 2 involves writing about a story that you have already studied. You have a choice between A or B.
- Part A asks you to compare your studied story to the one on the paper and Part B asks you to pick a theme or a feeling from a list and write about that theme or feeling as it appears in a story you've studied. Most students opt for B.
- This question is worth 15 marks.
- Make sure you write the title and author of your story clearly (this is worth 1 mark) and that you clearly state which theme/feeling you are choosing (this is also worth 1 mark).
- About a half of an A4 page is sufficient for your answer.
- Spend approximately 30 minutes on this question **in total**.

Vocabulary to learn

The vocabulary and phrases below will be useful to you when answering questions on prose.

Foclóir

An téacs	The text
An saothar	The work (text)
Sliocht	An extract
Achoimre	A summary
Ábhar	The subject
An t-údar	The author
Béaloideas	Folklore
Beathaisnéis	A biography
Dírbheathaisnéis	An autobiography
Carachtar	A character
An scéal	The story
Seanaimseartha	Old-fashioned
Nua-aoiseach	Modern
Pléigh	Discuss
Dhá phíosa eolais	Two pieces of information
Tréith	A characteristic / trait
Tréithe daoine	The traits of people
Cineálacha daoine	Types of people

Aidiachtaí — Adjectives

Amaideach	Foolish
Anamúil	Animated
Baolach	Dangerous
Báúil	Sympathetic
Beoga	Lively
Claonta	Biased
Conspóideach	Controversial
Corraitheach	Exciting
Cruálach	Cruel
Cumhachtach	Powerful
Dílis	Loyal

Foclóir

Díoltasach	Vengeful
Foiréigneach	Violent
Glic	Sly
Gránna	Hateful
Gruama	Gloomy
Fiosrach	Inquisitive
Iontach	Wonderful
Lag	Weak
Leamh	Dull
Leisciúil	Lazy
Neamhréadúil	Unrealistic
Neamhspleách	Independent
Neamhurchóideach	Innocent
Santach	Greedy
Saor	Free
Síochánta	Peaceful
Sláintiúil	Healthy
Smaointeach	Thoughtful
Spreagúil	Encouraging
Suimiúil	Interesting
Truamhéalach	Pathetic
Tuisceanach	Understanding
Taitneamhach	Enjoyable

Mothúcháin	Emotions
Áthas	Happiness
Aiféala	Regret
Brón	Sadness
Buairt	Worry
Cairdeas	Friendship
Díomá	Disappointment
Dóchas	Hope
Éad	Jealousy
Éadóchas	Despair
Féintrua	Self-pity
Fearg	Anger
Frustrachas	Frustration

Focloir

Goilliúnacht	Sensitivity
Grá	Love
Meas	Respect
Náire	Shame
Sástacht	Satisfaction
Suaimhneas	Contentment
Trua	Pity
Uaigneas	Loneliness

Ceisteanna / Questions

Léirigh	Show
Tabhair cuntas	Give an account
Déan cur síos	Describe
Scríobh síos i d'fhocail féin	Write down in your own words
Mínigh	Explain
Luaigh	Mention
Cén t-eolas a fhaighimid?	What information do we get?
Céard í do thuairim faoi?	What is your opinion about?
Cén sórt / cineál duine…?	What kind of person is…?
Céard iad na tréithe a bhaineann le…?	What are the traits associated with…?
Cén chomparáid a dhéantar…?	What comparison is made…?
Cúis / Fáth	Reason
Tionchar	Effect

Freagraí / Answers

Measaim / sílim / ceapaim / is í mo thuairim / is í mo bharúil	I think / it is my opinion
Samhlaítear domsa	It seems to me
Ní chreidim féin go bhfuil…	I don't believe that…
Sa chéad áit	Firstly
Chomh maith leis sin	As well as that

Unseen Prose

Worked example 1
Sliocht as 'An tOileán Ógra' le Michael Mullen

I bhfad ón árasán bhí Eibhlín Mhic Dhonnacha **ag toraíocht** (*looking for*) oibre. Ní raibh mórán airgid fágtha. Bhí sé sin **ag goilleadh** (*upsetting*) uirthi. **Ganntanas airgid** (*a lack of money*) ba mhó a chur an dath liath ar a cuid gruaige, a bhí dubh tráth. Ba mhinic í ag cuimhneamh ar an am a raibh a fear céile beo agus teach dá gcuid féin acu.

Tháinig **athrú mór** (*a big change*) ar an saol nuair a fuair Colm Mac Donnacha bás de thoradh timpiste. Bhí uirthi an teach a dhíol. Ó shin i leith bhí sí féin agus a clann ag imeacht ó lóistín go lóistín, gan aon chónaí **buan** (*permanent*) acu.

Altra sealadach (*a part-time nurse*) ab ea í féin. Í ag obair seachtain amháin agus gan í ag obair seachtain eile.

Bhí obair á lorg aici anois ó **ghníomhaireacht fostaíochta** (*an employment agency*). Nuair nach mbíodh sí in ann post a fháil ar a conlán féin bhíodh sí **ag brath** (*depending on*) orthu siúd.

Isteach léi san oifig. Sheas sí ag an gcuntar. Tháinig cailín anall chuici.

'Céard atá uait?'

'Obair – obair oíche más féidir.'

Chuaigh an cailín anonn agus scrúdaigh sí na liostaí.

'Tá brón orm. Níl post ar bith le fáil faoi láthair,' ar sise, nuair a tháinig sí ar ais.

Bhí Eibhlín **ar tí imeacht** (*about to leave*) nuair a tháinig glao ar an nguthán.

'Fan go fóill', arsa an cailín. 'B'fhéidir go mbéifeá ag teastáil fós'.

Bhí sí tamall fada ag éisteacht leis an nguthán agus 'Sea. Tuigim,' á rá aici ó am go ham.

'Féachfaimid le haltra a chur chugat láithreach', arsa sí sa deireadh.
'Go raibh maith agat féin'.

Tháinig an cailín ar ais chuig an gcuntar. 'An féidir leat dul go Hampstead Heath láithreach bonn? Tá altra lánaimseartha ag teastáil go sealadach ansiúd.'

'Is féidir, ach caithfidh mé glaoch ar mo chlann. Tá siad ag feitheamh liom sa bhaile.'

'Déan anseo é, ach ná bí rófhada. B'fhéidir go mbeadh daoine eile ag glaoch.'

Thug an cailín an seoladh d'Eibhlín agus d'imigh sí amach ar an tsráid. Scrúdaigh sí an seoladh arís ansiúd. Ansin shiúil sí chuig stáisiún traenach **faoi thalamh** *(underground)*. Bhí daoine ag teacht agus ag imeacht **ina sluaite** *(in crowds)*, a smaointe féin ag gach uile dhuine acu agus gan focal as duine ar bith. Cheannaigh sí ticéad, chuir oibrí stáisiúin poll ann agus síos an staighre léi.

Bhí an tollán cúng *(the tunnel was narrow)* agus mhothaigh sí mar a bheadh na ballaí **ag brú** *(pressing in)* isteach uirthi. Thíos faoi thalamh sheas sí agus scrúdaigh sí na treoracha. Lean sí uirthi arís ansin faoi na soilse bána, **a coiscéimeanna ag baint macalla as leaca an urláir** *(her footsteps echoing on the tiles of the floor)*.

I bhfad uaithi chuala sí feadóg stáin á seinm. **D'aithin sí** *(she recognised)* an t-amhrán – **port** *(a tune)* a chuala sí go minic le linn a hóige. Nuair a tháinig sí a fhad leis an gceoltóir, chaith sí deich bpingine isteach sa hata agus bheannaigh sí dó i nGaeilge. Ghabh sé buíochas léi sa teanga chéanna.

Sheas sí ar an ardán lom. Bhí scata eile ag fanacht. Chuala sí traein ag teacht ar luas as an dorchacht. Stad an traein. Osclaíodh na doirse agus tháinig seanbhean amach. D'fhéach sí ar ainm an staisiúin. Isteach le hEibhlín.

Bhí an tseanbhean sa staisiún mícheart! Rinne sí iarracht teacht ar bord arís, ach dúnadh na doirse agus fágadh ar an ardán í. Bhí sí **trína chéile** *(upset)*. Rinne sí iarracht doras a oscailt ach theip uirthi.

Ghluais an traein ar aghaidh isteach sa dorchacht as ar tháinig sí. Shuigh Eibhlín ar shuíochán agus d'éist sí le torann na traenach.

Tháinig an traein go King's Cross. Bhí líne eile ag teastáil uaithi ansiúd. Lean sí na treoracha arís. Faoi dheireadh bhain sí amach an Northern Line agus d'fhan le traein. **Chuimnigh sí** *(she remembered)* ar an timpiste uafásach a tharla sa stáisiún sin, **tráth ar dódh tríocha duine** *(when thirty people were burned)* nó mar sin. Bhí **cruth** *(appearance)* nua air anois – agus gan ainmneacha na marbh imithe as cuimhne na ndaoine fós. Sin mar a bhíonn i gcathair mhór.

Ceisteanna agus freagraí samplacha

(i) **Cén fáth ar tháinig athrú mór ar shaol Eibhlín Mhic Dhonnacha? Cén sórt saoil atá aici anois?** (*What kind of life?*)
Tháinig athrú mór ar shaol Eibhlín mar go bhfuair a fear céile Colm bás de thoradh timpiste. Tá saol crua aici anois mar nach bhfuil go leor airgid aici agus níl cónaí buan ag a clann.

(ii) **An bhfuair Eibhlín post sa ghníomhaireacht fostaíochta?**
*Fuair Eibhlín post sa ghníomhaireacht fostaíochta. Ar dtús **(at first)** dúirt an cailín nach raibh aon obair le fáil ann ach ansin fuair sí glao teileafóin agus ghlaoigh sí Eibhlín ar ais. Bhí altra lánaimseartha ag teastáil in Hampstead Heath.*

(iii) **Déan cur síos ar an stáisiún traenach.**
Bhí an stáisiún traenach faoi thalamh. Bhí daoine ag teacht agus ag imeacht ina sluaite. Bhí an tollán cúng agus bhí na soilse bán.

(iv) **Nuair a chuimhnigh Eibhlín ar an timpiste a tharla in King's Cross, cén fáth a ndúirt sí na focail, 'Sin mar a bhíonn i gcathair mhór'?**
Dúirt sí na focail sin mar go mbíonn daoine an-ghnóthach (**very busy**) sa chathair mór. Téann siad ó áit go háit '…a smaointe féin acu agus gan focal as duine ar bith.' Fuair a fear céile bás de thoradh timpiste agus níl dearmad déanta aici air ach leanann an saol ar aghaidh (**life goes on**). Tá cruth nua ar an stáisiún traenach, níl an t-am ag éinne smaoineamh ar na mairbh seachas (**except for**) ar a gclann féin.

(v) **Sa sliocht seo an bhfuil trua agat d'Eibhlín? Cén fáth?**
Tá trua agam d'Eibhlín. Bhí saol breá compordach aici tráth (**at one time**) ach ansin fuair a fear céile bás agus d'athraigh gach rud. Anois tá sí bocht, níl cónaí buan ag a clann agus bíonn uirthi dul amach ag obair dá clann. Tá saol crua aici. Chomh maith leis sin, ceapaim go bhfuil uaigneas uirthi. Chuala sí an fear ag seinm poirt agus chuir sé Éire i gcuimhne di (**it reminded her of Ireland**) seachas an chathair mhór neamhphearsanta (**instead of the big impersonal city**).

Practice

Exercise 1

Sliocht as 'Splanctha' le Katherine Duffy

(Tá Aoife agus a teaglach **tar éis aistriú tí** (*after moving house*) go dtí **an sráidbhaile** (*the village*) Finncille. Is aoibhinn le máthair Aoife an áit ach is fuath le hAoife í. B'fhearr léi a bheith sa bhaile mór lena cairde. Tá máthair Aoife ag iarraidh í a dhúiseacht.)

Dhúisigh mé de gheit. Bhí mo mháthair i ndiaidh cuirtíní na fuinneoige a tharraingt go tobann óna chéile. Bhris solas an lae isteach ar an dorchadas síochánta. Agus bhris guth mo mháthair isteach ar mo smaointe, **an ruaig á cur aici ar mo bhrionglóidí deasa** (*ruining my nice dreams*). 'A Aoife, dúisigh, nó beidh an chuid is fearr den lá caillte agat! Dúisigh, láithreach!'

Lig mé **ochlán** (*a sigh*) asam, agus rinne mé iarracht dul i bhfolach faoin dúive, ach shuigh sí síos ar an leaba agus bhain sí an clúdach díom.

'A Aoife, stad den phleidhcíocht agus éirigh. Éirigh a deirim!'

D'ardaigh mé mé féin, rud beag, **ar m'uillinn** (*on my elbow*), le **sracfhéachaint shramshúileach** (*a fleeting glance*) a thabhairt amach an fhuinneog. Bhí sé ag cur arís. Bhí **cuma thréigthe dhuairc** (*an abandoned, dull appearance*) ar bhallaí briste dubha an tseanchaisleáin, thuas ar an gcnoc. Thíos faoi, **cois cuain** (*beside the harbour*), bhí sráidbhaile Fhinncille chomh gruama gránna is a bhí sé riamh.

'Nach álainn ar fad an **radharc** (*the view*) é!' a deir mo mháthair. 'D'fhéadfá pictúir a dhéanamh de!' Lig mé osna asam. Ní raibh ach **an port seo** (*this tune*) cloiste agam ón uair a d'aistrigh muid ón bhaile mór amach go dtí an áit **mhallaithe** (*damned*) seo. Ní fhéadfadh sí teacht i ngar d'fhuinneog ar bith sa teach gan an radharc a mholadh. Ní fhaca mise amuigh ach **poll iargúlta gan cara agam ann** (*wilderness with no friends*).

Ní raibh an baile mór inar tógadh mé ach b'fhéidir fiche míle uainn, nó cúig mhíle dá mbeadh bád ag duine leis an chuan a thrasnú! Ach, **d'fhéadfadh sé a bheith ar an ngealach** (*it could have been on the moon*), mar ní raibh bealach ar bith agamsa le dul isteach ann. San oíche, d'fheicfinn na soilse **ag glioscarnach** (*glistening*) thar an uisce fuar dubh agus thiocfadh uaigneas an tsaoil orm.

Go dtí seachtain nó dhó ó shin, bhínn féin agus mo dheartháireacha óga ag dul isteach ann ar scoil gach lá, ar an mbus. Mar sin, bhíodh seans agam comhrá a dhéanamh le mo chairde agus cupán caife, agus **corrthoitín** (*a cigarrette butt*) a bheith agam sa Venezia, ag an am lóin. Ach anois agus an samhradh ann, **bhí mé fágtha tirim amuigh anseo** (*I was left high and dry here*).

'Tá sé ag cur arís. Ní fiú éirí!' dúirt mé le mo mháthair. 'Ach amháin dá dtabharfá an t-airgead dom le gabháil isteach sa bhaile mór. Ansin, d'fhéadfainn...'

'Nach bhfuil sé ráite agam arís agus arís eile leat go bhfuil **táille an bhus** (*the bus fare*) ródhaor ar fad,' a dúirt sí liom **go giorraisc** (*abruptly*). 'Tá a fhios agat go maith nach bhfuil mórán airgid fágtha againn i ndiaidh an teach seo a cheannach. Ar aon nós, tá sé in am agat socrú síos anseo, agus **aithne a chur ar aos óg** (*get to know the young people*) an cheantair...' Bhíodh sí i gcónaí ag caint faoi aithne a chur ar dhaoine. Bhí sí féin **ina ball** (*a member of*) den **chumann staire áitiúil** (*the local historical society*) agus den chumann **beiriste** (*bridge*), agus eile, ón uair a chuir sí cos san áit.

'Ar scor ar bith,' dúirt sí ansin, 'ní thuigim céard a bhíonn do **do shíormhealladh** (*bringing you back*) isteach chuig an bhaile mór. Níl mórán ann...' Luigh mé siar sa leaba arís, agus stad mé ó bheith ag éisteacht léi. Mura ndéanfainn sin, thosóinn ag screadaíl ar fad. **Nárbh fhurasta di** (*wasn't it easy for her*) an méid sin a rá. Ní raibh mórán ann ach mo shaol, mo chairde agus Dáibhí!

Ceisteanna

(i) Cén fáth nár mhaith le hAoife éirí as an leaba?

(ii) Céard a cheapann Aoife faoi shráidbhaile Fhinncille?

(iii) Cén fáth nach bhfuil a lán airgid ag máthair Aoife?

(iv) Luaigh dhá thréith ar bith a bhain le hAoife. Cuir fáthanna le do fhreagra.

(v) Ar thaitin an scéal seo leat? Cén fáth?

Exercise 2
Sliocht athchóirithe as an úrscéal 'An Bád sa Chuan' le Muireann Ní Bhrolcháin
An Teach Mór

(Tá saoire á caitheamh ag Peadar agus Órlaith lena dtuismitheoirí i seanteach mór, ar deineadh teach ósta de, i gContae Chorcaí.)

1. 'Agus féach ar an gcoill! Smaoinigh ar an spraoi a bheidh againn ag siúl tríd sin. Ní bheadh a fhios agat cén saghas eachtraí agus strainséirí aisteacha a chasfaí orainn ansin. B'fhéidir go bhfuil ainmhithe allta ann nó taibhsí!' arsa Peadar. Bhí seisean dhá bhliain déag d'aois. Bhíodh sé ar a dhícheall ag iarraidh scanradh a chur ar Órlaith, a bhí deich mbliana d'aois.

2. Bhí geataí na hóstlainne os a gcomhair agus teach beag taobh istigh. Bhí bóithrín, míle ar fhaid, suas go dtí an teach agus crainn ar gach aon taobh. 'Meas tú an bhfuil aon duine ina chónaí ansin?' arsa Órlaith. 'Is ar éigean go bhfuil. Tá sé ag titim as a chéile.' 'Féach! Feicim duine éigin ag corraí taobh istigh den fhuinneog,' arsa Peadar. 'Cá bhfuil sé?' arsa Órlaith, 'ní fheicimse faic.' 'B'fhéidir nach raibh ann ach scáil,' arsa Peadar, 'níl faic ann anois.'

3. 'Seo an teach anois,' arsa a máthair leo. 'Ó! Nach iontach é seo!' arsa Órlaith i gcogar. 'Tá sé go hálainn!' 'Féach ar an teach,' a dúirt a máthair. 'Agus na bláthanna iontacha sin sna potaí taobh amuigh. Ba chóir go mbainfimis an-taitneamh as seo, a Sheáin. Tá an linn snámha thall ansin agus leadóg freisin. Tá súil agam go mbeidh an aimsir go breá. Beidh mé in ann luí thart faoin ngrian an lá uile.' D'fhéach na páistí ar a chéile – tuismitheoirí! Daoine fásta!

4. Isteach sa halla leo. Bhí tine mhór ar thaobh na láimhe deise agus cathaoireacha troma leathair thart uirthi. Bhí grúpa fear ina suí iontu. D'iompaigh siad le breathnú ar na cuairteoirí ach d'fhill siad ar a gcuid cainte ar an bpointe. Os a gcomhair bhí staighre leathan agus in aice bhí bean óg dhathúil a chroith lámh lena dtuismitheoirí. 'Fáilte romhaibh. Sibhse Muintir Uí Chonaill, nach ea? Bhíomar ag súil libh níos luaithe. Dhá sheomra nach ea? Uimhir 22 agus uimhir 23. Sínigí an leabhar seo le bhur dtoil agus ansin tabharfaidh Raymond na málaí suas staighre. Ó…gabh mo leithscéal, is mise Maria.'

5. Thug Peadar agus Órlaith faoi deara go raibh duine de na fir thart ar an tine ag breathnú go géar orthu. Bhí sé ag cogarnach leis an bhfear in aice leis. Fear ard tanaí ab ea an duine a bhí ag caint. Bhí súile dorcha aige, craiceann donn agus gruaig dhubh air. An rud ba shuntasaí faoi ná an colm a bhí ar a aghaidh. Leath sé óna shúil síos go dtí cúinne a bhéil. Stán sé orthu gan stop agus chorraigh siad níos gaire dá dtuismitheoirí!

6. 'Suas an staighre linn anois,' arsa Daid, 'agus breathnóimid ar na seomraí. Ansin beidh greim le hithe againn'. Lean siad Raymond suas an staighre a raibh cairpéad gorm air. D'fhan Peadar beagán ar gcúl, ag faire ar an bhfear a raibh an colm ar a éadan. Shiúil an fear anonn chuig Maria. *'23! Why 23? I told you to keep that room free! Change them immediately!'* Go tobann thug an fear sracfhéachaint suas an staighre. Chonaic sé Peadar ag rith leis go tapa. Rith sé isteach sa seomra chuig Órlaith agus d'inis sé an méid a chuala sé. 'Níl a fhios agam,' arsa Peadar, 'ach tá rud éigin speisialta faoin seomra seo againne – sin cinnte.'

Ceisteanna

A (Buntuiscint)

(i) Cén fáth a raibh sceitimíní ar Pheadar agus Órlaith nuair a chonaic siad an choill?
(Is leor **dhá phointe** eolais ó **Alt 1**.)

(ii) Luaigh **dhá phointe** eolais ón sliocht mar gheall ar an teach mór.

(iii) Déan cur síos ar an bhfear a bhí ag breathnú orthu in **Alt 5**.
(Is leor **dhá phointe** a lua.)

B (Léirthuiscint Ghinearálta)

(i) Luaigh **dhá thréith** a bhain leis na páistí, dar leat. I gcás ceann amháin den dá thréith sin, tabhair **píosa eolais amháin** as an téacs a léiríonn an tréith sin.

(ii) 'D'fhéach na páistí ar a chéile – tuismitheoirí! Daoine fásta!'
Cén fáth a ndeirtear é seo, dar leat?

(iii) Ar thaitin an sliocht seo leat? Cuir **dhá chúis** le do fhreagra.

Studied Prose

Past Exam Questions

The most common themes are highlighted.

Uaigneas	J.C. 2009, 2005, 2002 (duine)
Fearg	J.C. 2007, 2005, 2001
Grá	J.C. 2009, 2007, 2005, 2004, 2001
Áthas	J.C. 2005, 2001
Díomá	J.C. 2005, 2001
Greann	J.C. 2008, 2004, 2003
Brón	J.C. 2007, 2004
Meas	J.C. 2009
Misneach	J.C. 2004, 2003
Díoltas	J.C. 2007, 2005, 2003
Dóchas	J.C. 2001
Eagla	J.C. 2004
Éad	J.C. 2007, 2004, 2003, 2001
Gliceas	J.C. 2009, 2003, 2002 (duine)
Bród	J.C. 2003
Míthuiscint	J.C. 2006
Duine amaideach	J.C. 2002
Duine deas	J.C. 2002
Duine fiosrach	J.C. 2002
Drochdhuine	J.C. 2002
Spórt	J.C. 2010, 2008, 2000
Ceol	J.C. 2000
Cairdeas	J.C. 2009
An Chlann	J.C. 2008, 2006 (tuismitheoirí), 2000
An Scoil	J.C. 2010, 2008, 2000
An Bás	J.C. 2008
Éan nó ainmhí	J.C. 2006, 2000
Ól nó drugaí	J.C. 2000
Saol na cathrach	J.C. 2010
An saol faoin tuath	J.C. 2010
Bia	J.C. 2008
Dúlra	J.C. 2010
Taisteal	J.C. 2010
Óige	J.C. 2009
Eachtra i dtír eile	J.C. 2006
Taibhsí	J.C. 2006

Scéal 1
An tÁdh
le Pádraig Ó Conaire

1. Bhí Pádraig, Séamas agus Micilín **i bhfolach** (*hiding*) mar nár mhaith leo aon obair a dhéanamh.

2. Dúirt Pádraig gur mhaith leis dul ag bádóireacht ach ní raibh na buachaillí eile sásta dul leis mar go bhfuair siad **léasadh** (*a beating*) cúpla lá roimhe sin.

3. Ansin dúirt Pádraig go raibh Tom Beag ag dul go Garumna an lá sin. Bhí a fhios acu nach ligfeadh Tom dóibh dul in éineacht leis sa bhád. Shocraigh siad dul **i ngan fhios dó** (*without his knowing*).

4. Bhí **margadh muc** (*a pig fair*) i nGarumna an lá sin agus bhí muca i málaí sa bhád. Bhí Tom chun iad a dhíol.

5. Ansin fuair na buachaillí cúpla mála **ar thóin an bháid** (*at the bottom of the boat*). Dúirt Micilín go mbeadh a fhios ag Tom cé mhéad muc a bhí aige. Smaoinigh Pádraig ar chleas.

6. Bheadh ar dhuine amháin fanacht chun a rá le Tom go raibh dhá mhuc eile sa bhád.

7. Ní raibh éinne sásta fanacht. **Chuir siad ar chrannaibh é** (*they decided on a lottery*). Fuair Pádraig **trí thráithnín** (*three blades of grass*) agus bhí ar an duine a tharraing **an ceann is faide** (*the longest*) fanacht. Fuair Pádraig an ceann is faide. Bhí an-bhrón air.

8. Chuaigh na buachaillí eile isteach sna málaí agus cheangail Pádraig béal na málaí dóibh.

9. Tar éis tamaill tháinig Tom le cúigear eile, bhí siad go léir **ar meisce** (*drunk*) agus ag canadh amhráin. Rinne Pádraig iarracht dul ar bord leo ach stop Tom é.

10. D'imigh an bád agus d'fhan Pádraig ag féachaint air agus cuma an-bhrónach air. Rinne sé iarracht an bád **a chur as a aigne** (*to put it out of his mind*) ach níor éirigh leis agus phléasc sé amach ag caoineadh.

11. Chuaigh sé go barr an chnoic chun radharc níos fearr a fháil ar an mbád. Shuigh sé síos agus thit sé ina chodladh. Nuair a dhúisigh sé bhí titim na hoíche ann agus bhí sé fliuch go craiceann.

12. Chuaigh sé i dtreo an bhaile ach ar an mbealach, bhuail sé leis an máistir agus máthair Mhicilín. **D'fhiafraigh siad de** (*they asked him*) an raibh sé ar an mbád.

13. Níor mhaith le Pádraig **sceitheadh** (*to tell tales*) ar a chairde ach ar deireadh d'inis sé an scéal dóibh, thosaigh máthair Mhicilín ag caoineadh. Ní raibh a fhios ag Pádraig céard a tharla.

14. Sa bhaile bhí athair Shéamais ann roimhe. Nuair a chonaic sé Pádraig rith sé chuige agus rug sé greim ar a ghualainn. Thosaigh sé ag fiafraí de an raibh Séamas sa bhád.

15. Bhí eagla ar Phádraig ach d'inis sé an scéal dóibh. Dúirt a mháthair le Pádraig go raibh an t-ádh leis. Níor tháinig aon duine slán ón mbád. Dúirt Pádraig gur shábháil an tráithnín fada é agus choimeád sé é.

Téamaí

- An óige / *Youth*
- Bás / *Death*
- Cairdeas / *Friendship*
- Tubaiste a tharla / *A disaster*
- Dílseacht / *Loyalty*
- Baol / *Danger*
- Ádh / *Luck*
- Saol na tuaithe / saol in aice na farraige / *Country life / Life beside the sea*

Na mothúcháin sa scéal

- Briseadh croí / *Heartbreak*
- Aiféala / *Regret*
- Brón / *Sadness*
- Imní / *Worry*
- Tuiscint / *Understanding*
- Misneach / *Courage*

Worked example
Question

(i) Maidir le do rogha **ceann amháin** de na *téamaí* seo a leanas, ainmnigh gearrscéal Gaeilge **nó** úrscéal Gaeilge nó dráma Gaeilge a bhfuil an téama seo i gceist ann. <u>Ní mór teideal an tsaothair sin, mar aon le hainm an údair a scríobh síos go soiléir.</u>

(a) Spórt (b) Timpiste (c) An teach (d) An dúlra (e) Ainmhí (f) Bás

(ii) Tabhair **cuntas gairid** ar a bhfuil sa saothar sin faoin téama atá roghnaithe agat.

Sample answer

(i) Rinne mé staidéar ar an scéal 'An tÁdh' le Pádraig Ó Conaire. Scéal faoin mbás é an scéal seo.

(ii) Baineann an scéal seo le buachaillí óga a chónaigh faoin tuath na blianta ó shin – Pádraig, Séamas agus Micilín. Bhídís i gcónaí ag déanamh rudaí nár chóir dóibh a dhéanamh agus bhain siad an-taitneamh as an saol. Saol na tuaithe agus saol in aice na farraige a bhí ann. Chuaigh beirt de na buachaillí amach ar an bhfarraige i ngan fhios d'aon duine. Bí Tom Beag ag dul go Garumna an lá sin chun muca a dhíol agus chuaigh an bheirt bhuachaillí isteach i bhfolach i málaí ar an mbád. Bhí ar dhuine de na buachaillí fanacht go dtiocfadh Tom, fuair Pádraig an tráithnín fada agus bhí air fanacht. Bhí an-bhrón air faoi sin ach ag deireadh an scéil, níor tháinig an bád ar ais agus bádh an bheirt bhuachaillí.
Bhí an t-ádh le Pádraig sa deireadh.

Practice

(i) Maidir le do rogha **ceann amháin** de na *téamaí* seo a leanas, ainmnigh gearrscéal Gaeilge **nó** úrscéal **nó** dráma Gaeilge (a ndearna tú staidéar air i rith do chúrsa) a bhfuil an téama sin i gceist ann. <u>Ní mór teideal an tsaothair sin, mar aon le hainm an údair a scríobh síos go soiléir</u>

(a) Gliceas   (b) Bród   (c) Éad   (d) Misneach   (e) Díoltas   (f) Greann

(ii) Tabhair cuntas gairid ar a bhfuil sa saothar sin faoin téama atá roghnaithe agat.

Scéal 2
Trátaí Úra
le Diarmaid Ó Tuama

1. Bhí an t-údar deich mbliana d'aois sa bhliain 1957. Dúirt sé gur thaitin an samhradh sin go mór leis.

2. In aice na cistine sa bhaile ag an am sin bhí bairillí ag a mháthair agus bhí trátaí úra (*fresh tomatoes*) aici iontu. Bhí sí an-bhródúil as na trátaí sin agus thaitin na trátaí céanna go mór leis an údar.

3. D'oibrigh a athair sa Gharda Síochána. Sáirsint ab ea é. Bhí sé ag iarraidh post mar chigire a fháil agus rinne sé an scrúdú níos mó ná trí huaire. Níor éirigh go maith leis ag an agallamh. I rith an tsamhraidh sin bhí an teaghlach go léir **ag guí** (*praying*) mar go raibh agallamh ag athair Dhiarmada don phost a bhí uaidh.

4. Maidin amháin bhí Diarmaid ag dul ar Aifreann chun paidir a rá ar son a athar. Nuair a bhí sé ag imeacht ón gcistin chuir sé ceithre nó cúig cinn de thrátaí ina phóca agus d'ith sé ar an mbóthar iad. 'Tomato Face' **an leasainm** (*nickname*) a bhí air ag an am mar gur thaitin na trátaí go mór leis.

5. Ag an am sin, **bhí sé ina riail dhaingean ag an Eaglais** (*it was a strict rule of the Church*) nach raibh cead ag éinne aon rud a ithe **roimh an gComaoineach** (*before Communion*). Bhí Diarmaid an-bhuartha ach ghlac sé an Chomaoineach ar aon nós.

6. D'inis sé an scéal dá thuismitheoirí. Dúirt siad leis dul go dtí an sagart agus an scéal a insint dó.

7. Chuaigh Diarmaid chuig séipéal Naomh Muire an tráthnóna sin agus bhí an tAthair Liam ann. Cheap an t-údar go raibh sé **seanaimseartha agus naofa** (*old-fashioned and holy*). Sa bhosca d'inis sé **na gnáthpheacaí** (*ordinary sins*) ar dtús. Ansin, dúirt sé gur ith sé trátaí sular ghlac sé Comaoineach. Bhí fearg ar an sagart agus bhí Diarmaid **go mór trína chéile** (*very upset*). Dúirt an sagart go labhródh sé le tuismitheoirí Dhiarmada.

8. Bhí náire ar a thuismitheoirí an lá ina dhiaidh sin mar go raibh orthu cuairt a thabhairt ar theach an tsagairt. Bhí ar Dhiarmaid dul agus **faoistin** (*confession*) a dhéanamh ach bhí an tAthair Liam níos cairdiúla an uair seo.

9. D'fhoghlaim Diarmaid ceacht an lá sin ach d'ith sé trátaí arís an tseachtain ina dhiaidh sin. Ach níor inis sé a pheaca go ceann cúig bliana agus fuair a athair **an t-ardú céime** (*promotion*)!

Téamaí

Cúrsaí creidimh
Religion

Saol na tuaithe
Country life

An óige
Youth

Greann
Humour

Soineantacht
Innocence

Daoine óga agus a dtuismitheoirí
Young people and their parents

Na mothúcháin sa scéal

Eagla
Fear

Náire
Shame

Meas
Respect

Aiféala
Regret

Grá dá athair
Love for his father

Misneach
Courage

PAPER 2 – SECTION 1: **PRÓS**

Cén sórt duine é Diarmaid?

- Cairdiúil / *Friendly*
- Taitneamhach / *Pleasant*
- Misniúil / *Courageous*
- Amaideach / *Foolish*
- Grámhar / *Loving*
- Greannmhar / *Amusing*
- Macánta / *Honest*

Worked Example

(i) Maidir le do rogha **ceann amháin** de na *téamaí* seo a leanas ainmnigh gearrscéal Gaeilge **nó** úrscéal Gaeilge **nó** dráma Gaeilge (a ndearna tú staidéar air i rith do chúrsa) a bhfuil an téama sin i gceist ann. Ní mór teideal an tsaothair sin, mar aon le hainm an údair a scríobh síos go soiléir.

(a) Greann (b) Brón (c) Misneach (d) Eagla (e) Éad (f) Grá

(ii) Tabhair **cuntas gairid** ar a bhfuil sa saothar sin faoin téama atá roghnaithe agat.

Sample answer

(i) Rinne mé staidéar ar an scéal 'Trátaí Úra' le Diarmaid Ó Tuama. Tá greann sa scéal seo.

(ii) Sa scéal seo, faighimid léargas ar shaol Dhiarmada nuair a bhí sé deich mbliana d'aois. Chuaigh sé ar Aifreann chun paidir a rá ar son a athar a bhí ag iarraidh ardú céime a fháil. Ar an mbealach amach ón gcistin, chuir Diarmaid ceithre nó cúig cinn de na trátaí úra a bhí ag a mháthair isteach ina phóca. D'ith sé na trátaí seo ar an mbóthar ar an tslí go dtí an séipéal. Ag an am sin bhí sé ina riail dhaingean ag an Eaglais nach raibh cead ag éinne aon rud a ithe roimh an gComaoineach. Bhí Diarmaid bocht an-bhuartha ar fad ach fós ghlac sé Comaoineach! Bhí eagla an-domhain air ansin agus d'inis sé an scéal dá thuismitheoirí. Dúirt siad leis dul go dtí an sagart agus an scéal a insint dó. Bhí an sagart ar deargbhuile agus bhí ar thuismitheoirí Dhiarmada teacht chun bualadh leis! Ag deireadh an scéil, bhí gach rud ceart go leor ach deir sé linn gur tharla an rud céanna an tseachtain ina dhiaidh sin! Ach an uair seo, ghlac sé Comaoineach agus ní dúirt sé faic le héinne! Is scéal greannmhar é an scéal seo agus éiríonn leis an údar a mhothúcháin a léiriú go soiléir ó thús deireadh.

Practice

(i) Maidir le do rogha ceann amháin de na cineálacha daoine seo a leanas ainmnigh gearrscéal nó úrscéal nó dráma Gaeilge (a ndearna tú staidéar air
i rith do chúrsa) a bhfuil an cineál sin duine i gceist ann. Ní mór teideal an tsaothair sin, mar aon le hainm an údair a scríobh síos go soiléir.

(a) Duine uaigneach   (b) Duine glic   (c) Duine amaideach
(d) Duine fiosrach   (e) Duine deas   (f) Drochdhuine

(ii) Tabhair cuntas gairid ar a bhfuil sa saothar sin faoin gcineál duine atá roghnaithe agat.

Key Points to Remember

- **Read the questions carefully:** make sure you look through the questions before reading the prose to give yourself an idea of what you should be looking out for.
- **Length:** half an A4 page should be sufficient for your answer.
- **Vocabulary:** make sure you learn off the vocabulary and phrases in this chapter in preparation for the exam.

Section 2: Filíocht

Exam Guidelines

- The poetry question is Part 2 of Paper 2.
- There are 2 parts to this question – Question 1 & Question 2.
- **Question 1** involves answering questions on 2 unseen poems – **you must answer 3 questions – one from A, one from B and the third can be from either A or B**.
- Make sure to look for a **'gluais'** (explanatory note) underneath the poems – difficult words may be explained in simpler Irish.
- Half an A4 page is sufficient for your 3 answers.
- **Question 2** involves answering on a poem you have studied. Part A asks you to compare your poem to the poems on the paper and Part B asks you to pick a theme or a feeling from a list and write about it. Most students opt for B.
- Make sure to write the title and author's name clearly (worth 1 mark), along with the theme/feeling you have chosen (also worth 1 mark).
- Question 2 is worth 15 marks.
- Half an A4 page is sufficient for your answer.
- Spend approximately **30 minutes** on this section **in total**.

Unseen Poetry

Vocabulary to learn

The vocabulary and phrases below can be very useful when answering questions on unseen poetry. Also, revise the section on *Prós* to find some more words and phrases that could be used too.

Cabhair

An dán	The poem
An file	The poet
Tá brón / eagla / áthas / fearg ar an bhfile	The poet is sad / frightened / happy / angry
Véarsa	A verse
Braith / mothaigh	To feel
Braithim / mothaíonn sé	I feel / he feels
Tá an file ag rá linn a bheith…	The poet is telling us to be…
Úsáideann an file	The poet uses
Cuireann an file…in iúl dúinn	The poet shows us…
Mothúchán	A feeling
Íomhá	An image
Friotal	Language
Teideal an dáin	The title of the poem
Téama an dáin	The theme of the poem
Stíl an fhile	The poet's style
Meafar	A metaphor
Samhail	A symbol
Uaim	Alliteration
Athrá	Repetition
Ioróin	Irony
Cuireann sé leis an atmaisféar	It adds to the atmosphere
Thar a bheith oiriúnach	Very suitable
Baineann an dán seo le	This poem deals with
Taispeánann an dán	The poem shows
Léiríonn an dán	The poem shows
Uaigneas / frustrachas / bród / dóchas / grá / éad	Loneliness / frustration / pride / hope / love / jealousy

Cabhair

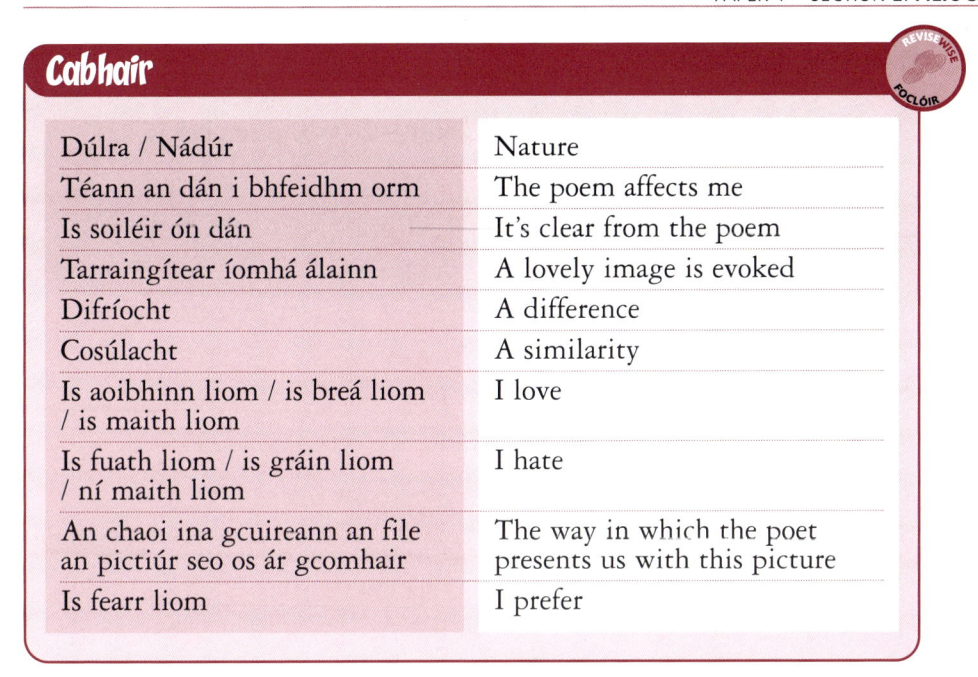

Dúlra / Nádúr	Nature
Téann an dán i bhfeidhm orm	The poem affects me
Is soiléir ón dán	It's clear from the poem
Tarraingítear íomhá álainn	A lovely image is evoked
Difríocht	A difference
Cosúlacht	A similarity
Is aoibhinn liom / is breá liom / is maith liom	I love
Is fuath liom / is gráin liom / ní maith liom	I hate
An chaoi ina gcuireann an file an pictiúr seo os ár gcomhair	The way in which the poet presents us with this picture
Is fearr liom	I prefer

Make sure you're familiar with all of the words used for asking questions. Have a go at testing yourself here.

Cad? ....

Conas? ....

Cé? ....

Cén sórt / saghas? ....

Céard? ....

Cathain? ....

Cén fáth? ....

Luaigh ....

Mínigh a bhfuil i gceist ....

Cad a tharla? ....

Cén pictiúr a tharraingítear? ....

Cad é an mothúchán is láidre? ....

Cá bhfios duit? ....

Worked example

Have a look at the sample questions and answers on the poem below.

Imeagla
le Mícheál Ó Ruairc

fágtha i m'aonar	
i **seomra feithimh**	*waiting room*
an fhiaclóra	
léimeann lampaí	
pléascann plandaí	*plants explode*
béiceann ballaí	*walls scream*
agus **scoilteann fuinneoga**	*windows split*
mantanna	*gaps*
i mbéal an tráthnóna	

Handy Hint

On the exam paper, make sure you always look to see if there is a picture accompanying the poem – this can give you a hint as to what the poem might be about.

Ceisteanna agus freagraí samplacha

1. Cad é téama an dáin seo?

    *Baineann an dán seo le **scanradh an duine fhásta roimh an bhfiaclóir (an adult's fear of the dentist)**. Tá an duine ag fanacht i seomra feithimh an fhiaclóra. Tá sé soiléir ón dán go bhfuil sé **sceimhlithe ina bheatha (absolutely terrified)** mar go dtéann an seomra **as riocht (out of control / distorted)** ar fad – tá na lampaí ag léim, na plandaí ag pléascadh agus na ballaí ag béicíl. **Tá na fuinneoga cosúil le (the windows are like)** mantanna – **na mantanna a bhíonn i mbéal an duine agus fiacail caillte aige (the gaps in a person's mouth after losing a tooth)**.*

2. Cad é an <u>m</u>othúchán is láidre sa dán?
   *Tá an dán go léir **bunaithe (based)** ar mhothúchán amháin – eagla. Tá eagla an domhain ar an duine seo roimh an bhfiaclóir. Tá sé ina aonar sa seomra feithimh agus **tá an méid sin imeagla air go gceapann sé go bhfuil an seomra féin ag bagairt air (he is so terrified that he thinks the room itself is threatening him)**. Tá na lampaí ag léim, na plandaí ag pléascadh agus na ballaí ag béicíl.*

3. An maith leat an dán seo? Tabhair fáthanna le do fhreagra.
   *Is maith liom an dán seo mar go gceapaim go **n-éiríonn go han-mhaith leis an bhfile (the poet succeeds)**, Mícheál Ó Ruairc, eagla an othair a chur in iúl. Tá an seomra feithimh **chomh dona le (as bad as)** seomra an fhiaclóra féin agus cuireann gach rud **a chinniúint (his fate)** in iúl dó – na lampaí, na plandaí, na ballaí agus na fuinneoga. Is léir ón dán go bhfuil **samhlaíocht iontach (great imagination)** ag an bhfile.*

Points to Note

If you want to use a quote from the poem make sure that you have explained the point in your own words first. **Quotes are used to support what you have already written – not to answer a question.**

m.sh. Ceapann an duine seo go bhfuil na lampaí ag léim.
'léimeann lampaí'
Ceapann sé go bhfuil na plandaí ag pléascadh.
'pléascann plandaí'

Also, it's better to write your quotation on a separate line as shown above.

Exercise 1

Na Blátha Craige
le Liam Ó Flaithearta

A dúirt mé leis **na blátha**:	*the flowers*
'Nach **suarach** an áit a fuair sibh	*horrible*
Le bheith ag déanamh aeir,	
Teannta suas anseo le bruach na haille,	*up here on the cliff*
Gan fúibh ach an chloch ghlas	*only the gray rock under you*
Agus **salachar** na n-éan,	*dirt*
Áit **bhradach**, lán le ceo	*very dirty*
Agus **farraige cháite**:	*rough sea*
Ní **scairteann** grian anseo	*shine*
Ó Luan go Satharn	
Le **gliondar** a chur oraibh.	*happiness*
A dúirt na blátha craige:	
'Is cuma linn, a stór,	
Táimid **faoi dhraíocht**	*under the spell of*
Ag ceol na farraige.'	

Before answering the questions, ask yourself –
What is the poem about (*téama*)?
What are the feelings in the poem (*na mothúcháin*)?
Images (*íomhánna*)?
Do you like the poem?

The vocabulary and phrases below should help you with your answers.

Téama – an nádúr, áilleacht na timpeallachta, áilleacht na farraige, draíocht na farraige.

Mothúcháin – Tá an file buartha nó imníoch faoi na bláthanna, tá na bláthanna go sona sásta, áthasach.

Íomhánna – na bláthanna ag fás ar aill in aice na farraige, áit uaigneach shalach, ní thagann an ghrian amach, an fharraige, draíocht an cheoil.

Ceisteanna

1. Cá bhfuil na plandaí ag fás? Déan cur síos ar an áit sin, dar leis an bhfile.
2. Cad a deir na bláthanna (*What do the flowers say*) faoin áit?
3. Céard é an mothúcháin is láidre sa dán?
4. An maith leat an dán seo? Tabhair fáthanna le do fhreagra.

Exercise 2

An Bhean Siúil
le Micheál Ó Conghaile

Cnag géar	*a sharp knock*
A **rap** sí ar an doras	*to hit*
Ciseán ina láimh	*a basket*
Í ag **craitheadh** leis an bhfuacht.	*shaking*
Í gléasta	
Go **giobalach**	*in old clothes*
A gruaig fhada dhubh	
Go **sliobarnach aimhréidh**.	*unbrushed*
Thug mé di cúpla pingin	
Is bhí sí **go haerach**	*happy*
Thug dom buíochas 'gus beannacht	
Agus d'imigh **go héasca**.	*easily / quickly*

Ceisteanna

1. Cén pictiúr den bhean a tharraingítear (*is drawn*) i línte 3-8 den dán seo?
2. Cad é an mothúchán is láidre sa dán? Tabhair fáthanna le do fhreagra.
3. Cad a thug an file don bhean agus cá bhfios dúinn go raibh sí sásta ag imeacht?
4. Déan cur síos ar íomhá amháin a thaitin leat sa dán.

Exercise 3

Ólaimis Sláinte
le Áine Ní Ghlinn

Ólaimis sláinte	*we drink to health*
sláinte Nicearagua	
sláinte na bpáistí	
sláinte a gcuid fola	
a líonann **gach scoilt sráide**	*every street gap*
sláinte na saighdiúirí	
a fheiceann fuil	
i dtromluí oíche	*in nightmares*
ag púscadh ó na ballaí	*spilling out of*

Ólaimis sláinte	
le fíon nár deineadh fuil de riamh	*with wine that was never blood*
Ólaimis sláinte **lenár mbeola tostacha**	*our silent mouths*
lenár lámha nite	
Ólaimis sláinte Nicearagua	

Sláinte chugaibh a shaighdiúirí	
Sláinte chugaibh a pháistí	
Sláinte an bhradáin chugaibh	*salmon's health*
is bás i Nicearagua	

Ceisteanna

1. Céard atá ag tarlú do na páistí i Nicearagua?
2. Céard a fheiceann na saighdiúirí sa tromluí?
3. Cad é an mothúchán is láidre sa dán dar leat?
4. Cad í tuairim an fhile i leith an chogaidh (*war*) i Nicearagua?
5. Tá ioróin (*irony*) le fáil sa dán seo. Tabhair cúpla sampla di.
6. Ar thaitin an dán seo leat? Tabhair fáthanna le do fhreagra.

Studied Poetry

Past exam questions

Have a look below at the topics that have come up in Question 2 (studied poetry) in recent years. The most common themes are highlighted.

Uaigneas	J.C. 2010 (duine), 2007, 2005, 2004, 2000
Fearg	J.C. 2010 (duine), 2009, 2006, 2005, 2004, 2002, 2000
Áthas	J.C. 2010 (duine), 2009, 2007 (sásamh), 2005, 2004, 2002
Frustrachas	J.C. 2004
Grá	J.C. 2010 (duine), 2009, 2008, 2007, 2005, 2004, 2002, 2000
Éad	J.C. 2009, 2005, 2004, 2002, 2000
Bród	J.C. 2005, 2002
Díomá	J.C. 2002
Brón	J.C. 2010 (duine), 2009, 2007, 2000
Dóchas	J.C. 2000
Spórt	J.C. 2003
Timpiste	J.C. 2003
An Teach	J.C. 2008, 2003
An Dúlra	J.C. 2008, 2006 (na séasúir & an fharraige), 2003, 2001
Ainmhí	J.C. 2008, 2003
An Bás	J.C. 2003
Taisteal (travel)	J.C. 2001
Spórt nó Caitheamh Aimsire	J.C. 2008, 2001
Éadaí	J.C. 2001
Eachtra Stairiúil (an historical event)	J.C. 2001
Eachtra a tharla (an incident that happened)	J.C. 2006
An Scoil	J.C. 2001, 2006
Duine cáiliúil	J.C. 2010
Meas	J.C. 2006
Trua	J.C. 2009
Dia	J.C. 2008
Greann	J.C. 2007
Díoltas	J.C. 2007

Two poems will be studied in this chapter:
- 'An Bacach' le Seán Ó Leocháin
- 'An Luichín sa Scoil' le Seán Mac Fheorais

'An Bacach'
le Seán Ó Leocháin

Tháinig sé don doras,
a **phíb bheag** ina lámh,   *his small pipe or whistle*
a **mhaide faoina ascaill**   *his crutch under his arm*

agus, **mura mbeadh agam**   *if I only had a penny for him*
ach pingin dó,
ba bhuíochas síor a chanfadh.   *he would be so thankful*

Chonaic mé **uair eile** é   *another time*
ag cúinne sráide
in aice **áit an mhargaidh**,   *the market place*

an **bháisteach dhubh**   *heavy rain*
anuas air,
an oíche fuar ina thimpeall

agus, mura mbeadh agam
ach pingin dhonn
ba bhuíochas síor a chanfadh.

Staidéar ar an dán
Téama an dáin / Theme

Sa dán seo feictear fear bocht. Tá **meas** agus **trua** (*respect and pity*) ag an bhfile don fhear seo. Imíonn an fear ó áit go háit **ag iarraidh airgead a fháil** (*begging*). Bíonn sé i gcónaí sásta leis an méid airgid a fhaigheann sé. **Fiú** (*even*) nuair a nach mbíonn ach pingin ag an bhfile dó

'agus, mura mbeadh agam
ach pingin dó,
ba bhuíochas síor a chanfadh'.

Chonaic an file an fear bocht seo cúpla uair agus bhí trua aige dó. Oíche amháin bhí an fear **ag siúl na sráide** (*walking the streets*) agus bhí sé ag cur báistí go trom anuas air. **Íomhá fhíorbhrónach** (*a truly sad image*) é sin ach ní raibh an fear bocht **buartha** (*worried*) faoi. Chuir sé sin ionadh ar an bhfile is dócha.

Mothúcháin an dáin / Feelings

Trua	Pity
Brón	Sadness
Meas	Respect
Sonas	Contentment

Tá **trua** ag an bhfile don fhear bocht sa dán seo. Níl ach píb bheag agus maide ag an bhfear seo. Téann sé ó dhoras go doras ag iarraidh airgead a fháil. Is soiléir ón dán go bhfuil **meas** ag an bhfile ar an bhfear freisin toisc go ngabhann sé buíochas má fhaigheann sé airgead ó dhuine ar bith. Tá **brón** sa dán san íomhá a thugann an file dúinn den fhear ag siúl na sráide agus é ag cur báistí go trom anuas air. Níl sé ceart do dhuine ar bith a bheith amuigh san oíche fhliuch dhorcha. Ach ar an lámh eile, dealraíonn sé go raibh an fear **sásta** lena shaol, rud a chuir ionadh ar an bhfile.

Íomhánna an dáin / Images
- An fear bocht – ní raibh ach píb agus maide aige
- An oíche fhliuch dhorcha – cuireann sé leis an mbrón sa dán
- An íomhá den fhile – thug sé airgead don fhear agus bhí sé an-bhuíoch de

Stíl an fhile / The style of the poet
- Saorvéarsaíocht is meadaracht don dán seo (*freeverse*)
- Tá rithim mhall ann mar go dtéann an bacach ó áit go háit go mall
- Cuireann an t-athrá leis an mbrón atá le mothú sa dán
  (The repetition adds to the sadness that is felt in the poem)
- Is dán simplí é le friotal neamhchasta
  (It is a simple poem with uncomplicated language)

Worked example

(i) Ainmnigh dán Gaeilge (a ndearna tú staidéar air i rith do chúrsa) a bhfuil do rogha **ceann amháin** de na téamaí seo thíos i gceist ann. Ní mór teideal an dáin sin, mar aon le hainm an fhile a chum, a scríobh síos go soiléir.

(a) Grá (b) Fearg (c) Éad (d) Dóchas (e) Brón (f) Uaigneas

(ii) Tabhair cuntas **gairid** *(short)* ar a bhfuil sa dán sin faoin téama atá roghnaithe agat, agus ar an gcaoi a gcuireann an file an *téama* sin os ár gcomhair.

Sample answer

(i) Rinne mé staidéar ar an dán 'An Bacach' le Seán Ó Leocháin.
Tá **brón** sa dán seo.

(ii) Baineann an dán seo le fear bocht a théann ó dhoras go doras ag iarraidh airgid a fháil. Tugann an file, Seán Ó Leocháin, íomhá fhíorbhrónach dúinn den fhear seo,

*'a phíb bheag ina lámh,
a mhaide faoina ascaill…'*

Tá meas agus trua ag an bhfile don fhear seo mar go mbíonn sé i gcónaí buíoch as an méid airgid a fhaigheann sé,

*'agus, mura mbeadh agam
ach pingin dó
ba bhuíochas síor a chanfadh'*

Insíonn an file scéal gearr sa dán faoi **radharc** (*a sight*) a chonaic sé agus a **chuaigh i bhfeidhm go mór air** (*that really affected him*). Chonaic sé an fear bocht seo ag siúl na sráide oíche amháin agus bhí sé ag stealladh báistí. Chuir sé seo an-bhrón ar an bhfile agus b'fhéidir gur spreag an íomhá seo é chun an dán simplí neamhchasta seo a scríobh.

Points to note

Remember – you only choose one out of the six choices.

Practice

(i) Ainmnigh dán Gaeilge (a ndearna tú staidéar air i rith do chúrsa) a bhfuil do rogha **ceann amháin** de na téamaí seo thíos i gceist ann. <u>Ní mór teideal an dáin sin mar aon le hainm an fhile a scríobh síos go soiléir.</u>

(a) duine saibhir   (d) duine bocht   (f) seanduine
(b) duine deas   (e) duine éigin a chuaigh
(c) duine santach   i bhfeidhm ar an bhfile
                          (*Someone who had an effect on the poet*)

(ii) Tabhair cuntas gairid ar a bhfuil sa dán sin faoin téama atá roghnaithe agat.

An Luichín sa scoil
le Seán Mac Fheorais

Trua liom **do choirpín righin** 'na luí,	*your little stiff body*
A luichín bhig, sa mbosca **cailce** romham;	*little mouse, chalk*
Bhís **iata** istigh sa gcófra seo leat féin	*closed in*
Ag **tochailt adhmaid** duit 's do chroí faoi sceon,	*burrowing in the wood, your heart terrified*
Gan glór le clos ach preabarnach do chroí,	*only the sound of your heart beating could be heard*
Do scríobadh mear is teanga chloig de shíor.	*your quick scratching*
Trua liom **do bhás den ghorta géar**,	*I'm sorry that you died from starvation*
Gan romhat ach leabhra scoile is cailc **mar lón**,	*as lunch*
Gan ann le n-ól ach dúch, 's an tart dod chrá;	*with only ink to drink and the thirst tormenting you*
Is léan liom d'éag mar seo, a luichín fhómhair;	*I'm sorry for your death*
Easpa céille sheol don scoil do chéim,	*You weren't clever when you came to this school*
Laistiar den gclós tá **stácaí d'eornain mhéith**.	*Stacks of juicy barley*

Reproduced by permission of Máire Uí Chathmhaoil

Staidéar ar an dán

Téama an dáin / Theme

Sa dán seo, osclaíonn an file an cófra ar scoil agus feiceann sé luch bheag mharbh istigh sa bhosca cailce. Tosaíonn sé ag smaoineamh ar an luichín sa bhosca. Ní raibh aon bhia aige ach leabhair scoile agus cailc. Ní raibh aon rud le hól aige ach dúch ach oiread. Ní raibh fuaim ar bith le cloisteáil ach a chroí agus an clog. Tá trua ag an bhfile don luichín mar go gceapann sé go raibh eagla air. Ní raibh a fhios ag an luch bheag go raibh bia le fáil sa pháirc laistiar den chlós.

Tá **téama an bháis** (*the theme of death*) go láidir sa dán seo. Tá brón ar an bhfile toisc go bhfuair an luch bás. Bhí bia sa pháirc ach ní raibh an luch ábalta éalú ón gcófra. Ní raibh sé compordach ann, is **áit mhínádúrtha** (*an unnatural place*) é an bosca cailce don luichín bocht.

Mothúcháin an dáin / Feelings

Brón	Sadness
Eagla	Fear
Trua	Pity
Grá	Love

Tá an-bhrón ar an bhfile nuair a fheiceann sé an luichín bocht sa bhosca cailce.

'Trua liom do choirpín righin 'na luí'

Ní raibh seans ag an luch a shaol a chaitheamh go nádúrtha sna páirceanna. Bhí sé istigh sa chófra gan bia, gan deoch. Tá **trua** ag an bhfile don luichín beag toisc go raibh **eagla** air. Bhí sé ag iarraidh imeacht ón scoil ach ní raibh sé in ann é sin a dhéanamh. Chomh maith leis sin bhí bia in aice na scoile ach ní raibh a fhios ag an luch faoi. Is léir ón dán go bhfuil an-suim ag an bhfile sa dúlra agus b'fhéidir go bhfuil grá aige d'ainmhithe freisin.

'Is léan liom d'éag mar seo, a luichín fhómhair…'

Íomhánna an dáin / Images
- Úsáideann an file íomhánna deasa chun bás an luichín a chur os ár gcomhair – a chorp beag sa bhosca cailce
- Íomhá den fhile – é an-bhrónach ar fad

Stíl an fhile / The style of the poet
- Dán beag simplí atá ann – friotal neamhchasta
- Tá na mothúcháin lándáiríre sa dán, béim (*an emphasis*) ar bhrón an fhile

Worked example

(i) Ainmnigh dán Gaeilge (a ndearna tú staidéar air i rith do chúrsa) a bhfuil **ceann amháin** de na mothúcháin seo thíos i gceist ann.
<u>Ní mór teideal an dáin mar aon le hainm an fhile a chum, a scríobh síos go soiléir.</u>

(a) Grá   (b) Uaigneas   (c) Éad   (d) Fearg   (e) Bród   (f) Áthas

(ii) Tabhair cuntas gairid ar a bhfuil sa dán sin faoin mothúchán atá roghnaithe agat agus ar an gcaoi a gcuireann an file an mothúchán sin os ár gcomhair.

Sample answer

(i) Rinne mé staidéar ar an dán 'An Luichín sa Scoil' le Seán Mac Fheorais. Tá **grá** sa dán seo.

(ii) Sa dán seo osclaíonn an file an cófra sa scoil agus feiceann sé luch bheag mharbh istigh sa bhosca cailce. Tosaíonn sé ag smaoineamh ar an luichín sa bhosca. Ní raibh aon bhia aige ach leabhair scoile agus cailc. Ní raibh rud ar bith le hól aige ach oiread sa chófra ach dúch.

'Gan romhat ach leabhra scoile is cailc mar lón,
Gan ann le n-ól ach dúch, 's an tart dod chrá…'

Ceapann an file go raibh an-eagla ar an luichín bocht. Níl aithne ag an bhfile ar an luichín ach fós tá brón air. Bhí bia le fáil sa pháirc ach ní raibh an luichín ábalta éalú ón gcófra. Úsáideann an file íomhánna deasa sa dán chun bás an luichín a chur os ár gcomhair. Déanann sé cur síos ar a chorp beag sa bhosca cailce. Is dán gearr simplí é an dán seo agus tá na mothúcháin an-dáiríre ann. Tá sé soiléir ón dán go bhfuil an-suim ag an bhfile sa nádúr agus go bhfuil an-ghrá aige d'ainmhithe freisin,

'Is léan liom d'éag mar seo, a luichín fhómhair…'

Practice

(i) Ainmnigh dán Gaeilge (a ndearna tú staidéar air i rith do chúrsa) a bhfuil **ceann amháin** de na téamaí seo thíos i gceist ann. _Ní mór teideal an dáin sin, mar aon le hainm an fhile a chum, a scríobh síos go soiléir._

(a) Uaigneas   (b) Ainmhithe   (c) Cairdeas   (d) An Dúlra (Nádúr)
(e) Áit Dhúchais   (f) Éad

(ii) Tabhair cuntas gairid ar a bhfuil sa dán sin faoin téama atá roghnaithe agat, agus ar an gcaoi a gcuireann an file an téama sin os ár gcomhair.

Key Points to Remember

- **Length:** keep your answer to half an A4 page.
- **Poet's details:** make sure you have the poet's name memorised as you will lose marks for not including this.
- **Common themes:** familiarise yourself with themes that have been examined regularly in previous examinations

Section 3: An Litir

Exam Guidelines

- The letter is **Question 3 on Paper 2** of your exam.
- You will have a choice of 3 letters – to either your friend/family (**Personal/Informal** letter) or to someone you don't know (**Formal** letter).
- Make sure you go through all of your options before deciding on one.
- Every letter must have a suitable **layout** with an address, date, greeting and ending.
- You are given a number of points to mention – **tick off each point as you answer it**.
- Keep your sentences short and simple and check that you are using the correct tense.
- Write as much as you can – try to have at least an A4 page when the layout is included.
- This is a very important part of your exam and is worth **30 marks out of 240**. Make sure you have lots of phrases learnt off beforehand.
- Spend approximately **25 minutes** on this question.

Past Exam Questions

Junior Cert 2010

(i) Ceapadh príomhoide nua i do scoil – litir chuig do chara faoi.
(New principal in your school)

(ii) Ar do laethanta saoire i dtír iasachta– litir chuig do chara ag insint faoi.
(On your holidays abroad)

(iii) Litir chuig eagarthóir nuachtáin – 'Tá sé in am deireadh a chur leis an Teastas Sóisearach'.
(Letter to a newspaper editor – 'It's time to put an end to the Junior Cert')

Junior Cert 2009

(i) Ar chúrsa Gaeilge sa Ghaeltacht an samhradh seo caite – litir chuig do chara faoi.
(You were on a course in the Gaeltacht last summer)

(ii) Litir chuig an nuachtán Foinse faoin ábhar 'Cúrsaí Spóirt in Éirinn Inniu'.
(Letter to newspaper Foinse about sport in Ireland today)

(iii) Tá do chara pinn ag diúltú éide scoile a chaitheamh – litir chuig do chara pinn faoi seo.
(Your penpal is refusing to wear a school uniform, write to him/her about this)

Junior Cert 2008

(i) Cheannaigh do mhuintir teach nua agus bhog tú isteach – litir chuig do chara faoi.
(Your family moved into a new house)

(ii) Ar do laethanta saoire thar sáile – litir chuig do chara faoi.
(On your holidays abroad)

(iii) Litir chuig eagarthóir nuachtáin – Tá Láithreáin Stairiúla In Éirinn á Scrios.
(Letter to a newspaper editor – Historical sites in Ireland are being destroyed)

Junior Cert 2007

(i) Ag freastal ar choláiste samhraidh – litir chuig do mháthair nó d'athair faoi.
(Attending a summer course)

(ii) Litir chuig eagarthóir nuachtáin – An Dochar a dhéanann Ríomhairí i saol an lae inniu.
(Letter to a newspaper editor – The damage that computers are doing to life today)

(iii) Litir chuig do chara faoi scannán nua sa phictiúrlann.
(A new film in the cinema)

Junior Cert 2006

(i) Osclaíodh ionad nua siopadóireachta i do cheantar – litir chuig do chara faoi.
(A new shopping centre opened in your area)

(ii) Fuair tú bronntanas speisialta le déanaí – litir chuig do chara faoi.
(You got a special present recently)

(iii) Léigh tú litir i nuachtán a dúirt go raibh laethanta saoire scoile an tsamhraidh rófhada – litir chuig eagarthóir nuachtáin faoi.
(Letter to a newspaper editor in response to a letter which said that the school summer holidays are too long)

An Litir Phearsanta
(The Personal Letter)

- This is usually a letter to a friend or member of your family – someone you know
- Make sure you know how to lay out a letter, have a look at the outline below

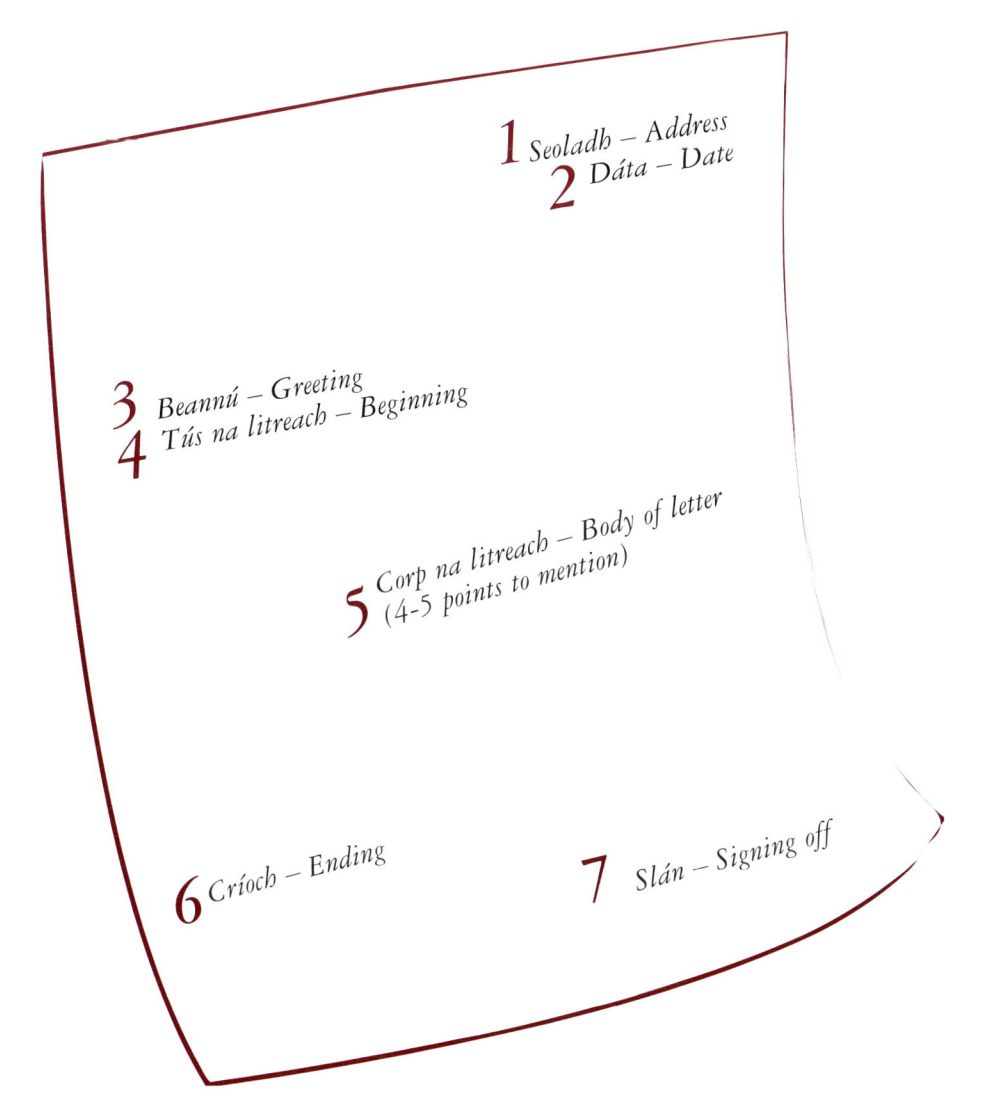

1. Seoladh – Address
2. Dáta – Date
3. Beannú – Greeting
4. Tús na litreach – Beginning
5. Corp na litreach – Body of letter (4-5 points to mention)
6. Críoch – Ending
7. Slán – Signing off

Vocabulary to learn

Learn the sample addresses, dates etc. below.

1 Seoladh / Address

Make sure your address is in Irish, you will not get any marks for an address in English

- Ar saoire in Éirinn
  (On holiday in Ireland)
  Bóthar na Trá
  Trá Lí
  Co. Chiarraí

- Sa bhaile
  (At home)
  3 Sráid Eoin
  Baile Átha Luain
  Co. na hIarmhí

- Sa Ghaeltacht
  (In the Gaeltacht)
  An Rinn
  Co. Phort Láirge

  Coláiste Íosagáin
  An Spidéal
  Co. na Gaillimhe

  Coláiste Naomh Eoin
  Leitir Ceannainn
  Co. Dhún na nGall

- Ar saoire / ag obair thar lear
  (On holiday / working abroad)
  Óstán na Trá
  Mallorca
  An Spáinn

2 Dáta / Date

Eanáir	January
Feabhra	February
Márta	March
Aibreán	April
Bealtaine	May
Meitheamh	June
Iúil	July
Lúnasa	August
Meán Fómhair	September
Deireadh Fómhair	October
Mí na Samhna	November
Mí na Nollag	December

PAPER 2 – SECTION 3: **AN LITIR**

3 Beannú / Greeting

A Mháire, a chara	Dear Mary
A Mham agus a Dhaid dhil	Dear Mum and Dad
A Thomáis dhil	Dear Tomás

4 Tús na litreach / Beginning

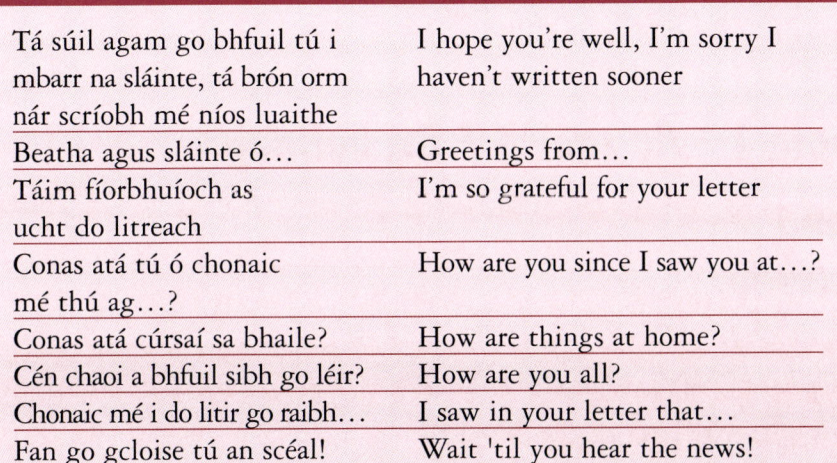

Tá súil agam go bhfuil tú i mbarr na sláinte, tá brón orm nár scríobh mé níos luaithe	I hope you're well, I'm sorry I haven't written sooner
Beatha agus sláinte ó…	Greetings from…
Táim fíorbhuíoch as ucht do litreach	I'm so grateful for your letter
Conas atá tú ó chonaic mé thú ag…?	How are you since I saw you at…?
Conas atá cúrsaí sa bhaile?	How are things at home?
Cén chaoi a bhfuil sibh go léir?	How are you all?
Chonaic mé i do litir go raibh…	I saw in your letter that…
Fan go gcloise tú an scéal!	Wait 'til you hear the news!

5 Críoch na litreach / Ending

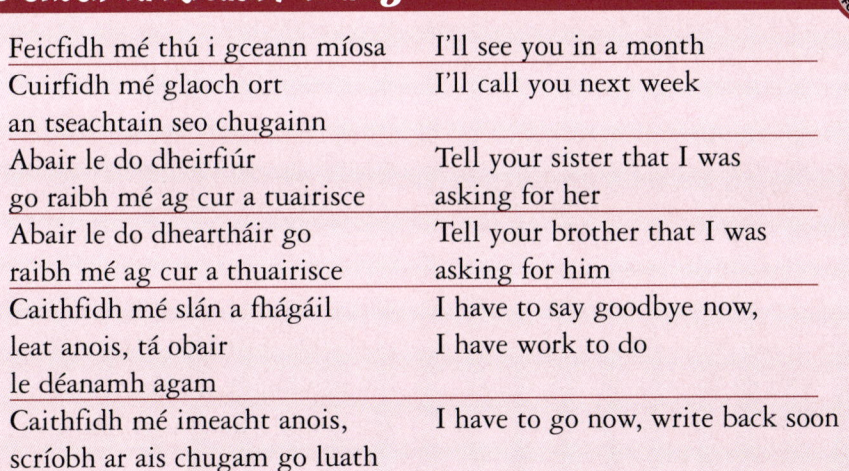

Feicfidh mé thú i gceann míosa	I'll see you in a month
Cuirfidh mé glaoch ort an tseachtain seo chugainn	I'll call you next week
Abair le do dheirfiúr go raibh mé ag cur a tuairisce	Tell your sister that I was asking for her
Abair le do dheartháir go raibh mé ag cur a thuairisce	Tell your brother that I was asking for him
Caithfidh mé slán a fhágáil leat anois, tá obair le déanamh agam	I have to say goodbye now, I have work to do
Caithfidh mé imeacht anois, scríobh ar ais chugam go luath	I have to go now, write back soon

6 Slán / Signing off

Slán le grá, Áine	Love from Áine
Slán go fóill, Sorcha	Bye for now, Sorcha
Do chara buan, Dónall	Your good friend, Dónall
Do mhac dílis, Diarmuid	Your loving son, Diarmuid

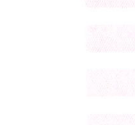

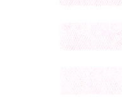

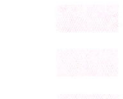

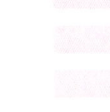

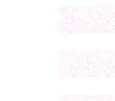

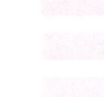

7 Corp na litreach / Body of letter

This is the part of the letter where you mention all of the points asked for in the question.

Study the four topics dealt with below in preparation for this exam question.

Topic 1	Ar saoire – in Éirinn, sa Ghaeltacht, thar lear
Topic 2	Tá tú agus do theaghlach tar éis aistriú tí – an ceantar, an teach, daoine, scoil
Topic 3	Post samhraidh
Topic 4	Caithimh aimsire – ceol, spórt, ag dul go dtí an phictiúrlann…

Topic 1 - Ar saoire / On holiday

Step 1
Vocabulary

Cabhair

Tá mé anseo sa Spáinn / sa Fhrainc / san Iodáil / i Sasana / i nGaillimh / i nDún na nGall / i gConamara le seachtain anuas	I've been here in Spain / France / Italy / England / Galway / Donegal / Conamara for the past week
Is iontach an áit í	It's a great place
Bhí an turas ar an eitleán / i mbus / sa charr ceart go leor	The journey on the plane / bus / in the car was alright
Bhí mé tuirseach traochta caite amach nuair a bhain mé an áit amach	I was completely exhausted when I got to the place
Bhí brón orm ag fágáil slán le mo thuismitheoirí	I was sad leaving my parents
Tá an lóistín suite in áit iargúlta amuigh faoin tuath	The B&B is situated in a remote place out in the country
Táim ag fanacht i…	I'm staying in…
Tá an teach / an t-óstán ag titim as a chéile / an-ghalánta ar fad / an-chompordach	The house / hotel is falling apart / lovely / comfortable
Táimid ag campáil cois farraige	We're camping at the seaside
Níl an teach / an t-óstán ach deich nóiméad ón trá	The house / hotel is only ten minutes from the beach
Tá an radharc tíre dochreidte / fíorálainn	The views are unbelievable / beautiful
Sléibhte / locha / feirm / farraige	Mountains / lakes / farm / sea

Cabhair

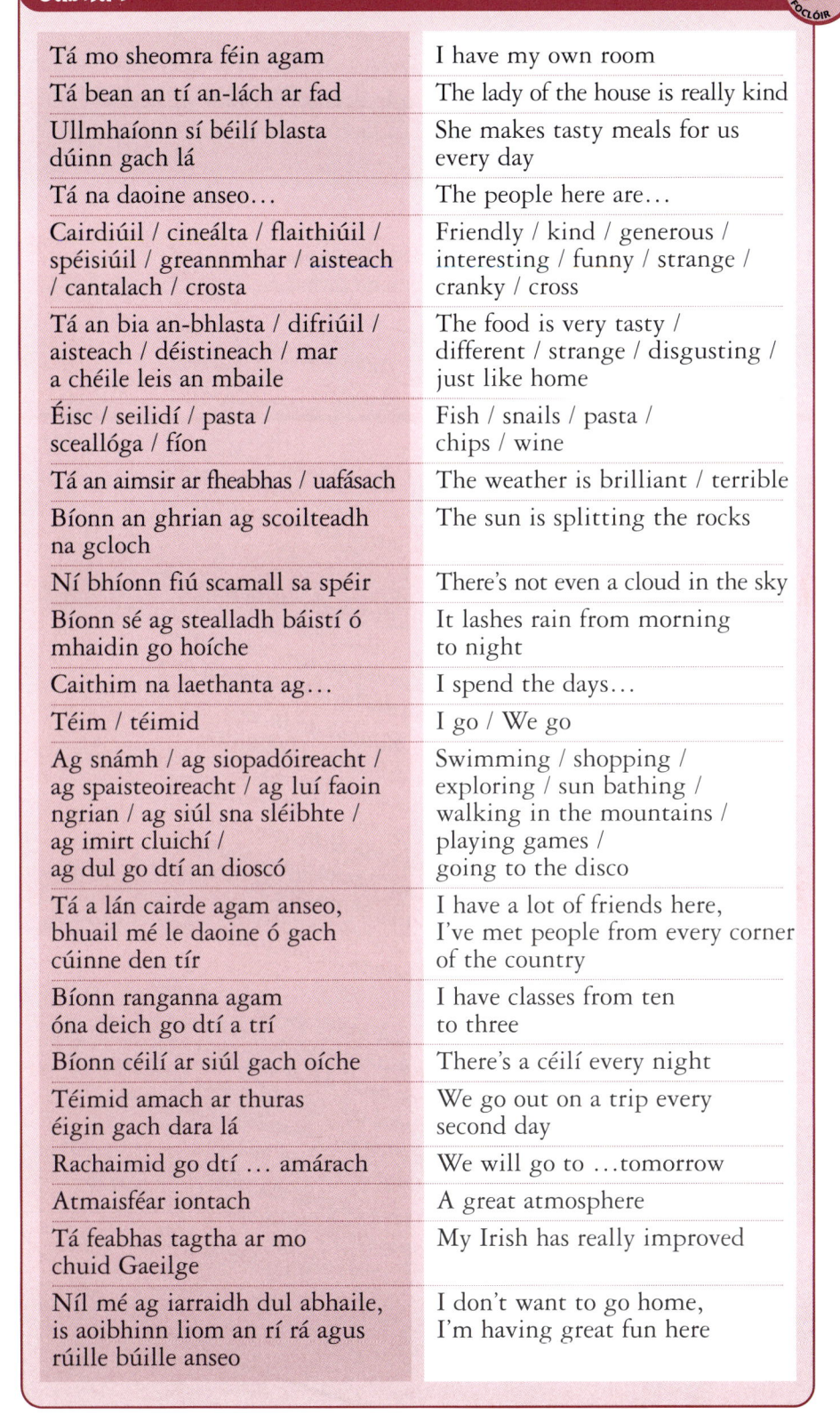

Tá mo sheomra féin agam	I have my own room
Tá bean an tí an-lách ar fad	The lady of the house is really kind
Ullmhaíonn sí béilí blasta dúinn gach lá	She makes tasty meals for us every day
Tá na daoine anseo…	The people here are…
Cairdiúil / cineálta / flaithiúil / spéisiúil / greannmhar / aisteach / cantalach / crosta	Friendly / kind / generous / interesting / funny / strange / cranky / cross
Tá an bia an-bhlasta / difriúil / aisteach / déistineach / mar a chéile leis an mbaile	The food is very tasty / different / strange / disgusting / just like home
Éisc / seilidí / pasta / sceallóga / fíon	Fish / snails / pasta / chips / wine
Tá an aimsir ar fheabhas / uafásach	The weather is brilliant / terrible
Bíonn an ghrian ag scoilteadh na gcloch	The sun is splitting the rocks
Ní bhíonn fiú scamall sa spéir	There's not even a cloud in the sky
Bíonn sé ag stealladh báistí ó mhaidin go hoíche	It lashes rain from morning to night
Caithim na laethanta ag…	I spend the days…
Téim / téimid	I go / We go
Ag snámh / ag siopadóireacht / ag spaisteoireacht / ag luí faoin ngrian / ag siúl sna sléibhte / ag imirt cluichí / ag dul go dtí an dioscó	Swimming / shopping / exploring / sun bathing / walking in the mountains / playing games / going to the disco
Tá a lán cairde agam anseo, bhuail mé le daoine ó gach cúinne den tír	I have a lot of friends here, I've met people from every corner of the country
Bíonn ranganna agam óna deich go dtí a trí	I have classes from ten to three
Bíonn céilí ar siúl gach oíche	There's a céilí every night
Téimid amach ar thuras éigin gach dara lá	We go out on a trip every second day
Rachaimid go dtí … amárach	We will go to …tomorrow
Atmaisféar iontach	A great atmosphere
Tá feabhas tagtha ar mo chuid Gaeilge	My Irish has really improved
Níl mé ag iarraidh dul abhaile, is aoibhinn liom an rí rá agus rúille búille anseo	I don't want to go home, I'm having great fun here

Step 2

Sample Letter

Chaith tú saoire le do chlann in Éirinn le déanaí. Scríobh an litir a chuirfeá chuig cara leat ag insint dó / di faoin tsaoire sin.

I do litir luaigh:
- An áit ina raibh sibh ag fanacht
- Dhá rud a thaitin leat faoin áit agus na fáthanna
- Dhá rud nár thaitin leat faoin áit agus na fáthanna

Seoladh: B2 Gort na Gréine
Cill Chainnigh

Dáta: 23 Lúnasa

Beannú: A Shaoirse, a chara,

Tús: Bhí áthas an domhain orm do litir a fháil inné, tá súil agam go bhfuil gach duine i dTrá Lí i mbarr na sláinte. Abair le do dhearthárir dathúil Tomás go raibh mé ag cur a thuairisce!

Lár

Pointe 1 Tá brón orm nár scríobh mé níos luaithe ach **mar is eol duit**, bhí mé agus mo chlann ar saoire i nDún na nGall. Chaitheamar dhá sheachtain **i dtuaisceart na tíre**. Bhíomar ag fanacht in óstán álainn **i mbaile beag darbh ainm** Carraig Airt.

Pointe 2 Thaitin an áit go mór liom. Bhí an t-óstán an-ghalánta ar fad agus ní raibh sé ach deich nóiméad ón trá. Chaith mé na laethanta ag luí faoin ngrian agus ag spaisteoireacht ar fud na háite. Bhí na daoine an-chairdiúil agus cabhrach linn. Chuir siad **céad míle fáilte** romhainn! Ach fan go gcloise tú – thit mé i ngrá! Donnacha is ainm dó agus tá sé sé bliana déag d'aois agus tá sé ina chónaí i gCeatharlach. Bhí seisean ar saoire lena chlann freisin. Bhí mé ag caint leis aréir agus tá **coinne** déanta againn don deireadh seachtaine.

Pointe 3 Ach caithfidh mé a rá nach raibh an bia rómhaith. Bhuel, thaitin sé go mór le mo thuismitheoirí ach is fuath liomsa éisc! Ní féidir liom é a ithe **ar ór ná ar airgead**! Chomh maith leis sin, ní raibh a lán siopaí san áit. Bhí mé ag iarraidh dul ag siopadóireacht mar gur thug mo sheanmháthair caoga euro dom ach **ní raibh fiú** Dunnes Stores san áit!

Críoch Bhuel, sin deireadh le mo nuacht. Cuirfidh mé glao ort an tseachtain seo chugainn agus inseoidh mé duit faoin gcoinne le Donnacha,

Slán Slán go fóill,
Áine

PAPER 2 – SECTION 3: **AN LITIR**

Points to Note

Note that *le déanaí* is in the question, this means **recently**. You have therefore been on holiday but you are back at home now. This is important as you must make sure to write about what you did, etc. in the **past tense**.

Cabhair

Mar is eol duit	As you know
I dtuaisceart na tíre	In the North of the country
I mbaile beag darbh ainm…	In a small town called…
Céad míle fáilte	A thousand welcomes
Coinne	A date
Ar ór ná ar airgead	For love nor money
Ní raibh fiú	There wasn't even

Step 3
Practice

Tá tú ar do laethanta saoire thar lear le do theaglach.
Scríobh litir chuig do chara sa bhaile.

I do litir luaigh:

- An áit ina bhfuil tú ag fanacht
- Rud amháin a thaitníonn leat faoin áit (*one thing you like*)
- Rud amháin nach dtaitníonn leat faoin áit (*you don't like*)
- Céard a dhéanann tú gach lá
- Cara nua atá agat

Topic 2 - Ag aistriú tí / Moving house

Step 1
Vocabulary

Cabhair

Ceantar nua	A new area
Teach scoite / leathscoite	A detached / semi-detached house
Árasán	An apartment
Teach dhá / trí stór	A two / three storey house
Gairdín ar chúl / os comhair an tí	A back / front garden
Tá sé suite i lár na cathrach / ar imeall na cathrach / i lár na tuaithe / i sráidbhaile beag	It is situated in the city centre / on the outskirts of the city / in the country / in a small village
An radharc tíre	The view
Tá coill iontach in aice leis an teach	There is a great wood beside the house
Seomra suí / cistin / seomra bia / seomra teilifíse / seomra folctha / seomra leapa	Sitting room / kitchen / dining room / TV room / bathroom / bedroom
Galánta / go hálainn	Lovely
Na comharsana	The neighbours
Cairdiúil / cabhrach / smaointeach / aisteach / fiosrach / eascairdiúil	Friendly / helpful / thoughtful / strange / nosey / unfriendly
Na háiseanna	The facilities
Táim i mo bhall den club…	I am a member of the ….club
Téim ann gach…	I go there every…
Linn snámha / pictiúrlann / ionad siopadóireachta / leabharlann / club óige	Swimming pool / cinema / shopping centre / library / youth club
Meánscoil / bunscoil / scoil chónaithe / pobalscoil áitiúil / ollscoil	Secondary school / primary school / boarding school / local community school / university
Tá a lán daoine óga san áit	There are a lot of young people in the area
Tá a lán cairde déanta agam	I've made a lot of friends
Mothaím uaigneach / tá uaigneas an domhain orm	I'm lonely
Níl faic le déanamh anseo	There's nothing to do here

PAPER 2 – SECTION 3: AN LITIR

Cabhair

Ba mhaith liom a bheith ar ais le mo chairde féin	I'd like to be back with my own friends
Is maith / aoibhinn / fuath / gráin liom an scoil nua	I like / love / hate the new school
Béarla / Gaeilge / Mata / Stair / Tír Eolaíocht / Creideamh / Fraincis / Gearmáinis / Ríomhairí / Miotalóireacht / Tíos / Ceol / Corpoideachas / Oideachas Saoránach Sóisialta Polaitiúil / Adhmadóireacht	English / Irish / Maths / History / Geography / Religion / French / German / Computers / Metal Work / Home Economics / Music / PE / CSPE / Woodwork
Na múinteoirí agus na daltaí	The teachers and students
Tá sé an-deacair / difriúil	It's very hard / different
Ar mhaith leat cuairt a thabhairt orm anseo?	Would you like to visit me here?

Step 2

Sample letter

Tá do thuismitheoirí tar éis teach nua a cheannach áit éigin in Éirinn. Scríobh an litir a chuirfeá chuig peannchara leat ag insint dó / di faoin teach nua sin.

I do litir luaigh:
- Pointe eolais amháin i dtaobh an tí (*about the house*)
- Dhá rud faoi na daoine áitiúla (*people*)
- Conas a mhothaíonn an teaghlach
- Dhá rud faoin scoil nua
- Cathain a fheicfidh tú do chara arís

Cabhair

Measaim	I think
Thug siad cuireadh dom dul	They invited me to go
Áfach	However
B'fhearr léi	She would prefer
An-spéis	A great interest

Seoladh: 17 Bóthar na Trá
Port Láirge

Dáta: 21 Márta

Beannú: A Éamoinn, a chara

Tús: Bhí áthas an domhain orm do litir a fháil ar maidin. Tá súil agam go bhfuil sibh go léir i mbarr na sláinte. Abair le do dheirfiúr go raibh mé ag cur a tuairisce.

Lár

Pointe 1 Mar is eol duit tá teach nua againn le tamall anuas. Teach scoite atá ann agus tá sé suite ar imeall an bhaile mhóir. Teach mór atá ann agus tá gairdín beag os comhair an tí agus tá gairdín deas mór ar chúl an tí. Tá plandaí agus bláthanna de gach saghas sa ghairdín.

Pointe 2 Tá tithe agus siopaí in aice linn. **Measaim** go bhfuil a lán daoine óga ina gcónaí san áit freisin. Tá na daoine anseo an-chairdiúil agus cabhrach ar fad. Bhuail mé le beirt bhuachaillí inné agus **thug siad cuireadh dom dul** ag imirt peile leo ag an deireadh seachtaine.

Pointe 3 Ceapann mo thuismitheoirí go bhfuil an teach go hálainn ar fad. Níl mo dheirfiúr róshásta, **áfach**. Ní maith léi an scoil nua ar chor ar bith. **B'fhearr léi** a bheith ar ais sa tseanscoil lena cairde féin.

Pointe 4 Is maith liom an scoil nua. Táim ag déanamh adhmadóireachta agus miotalóireachta an bhliain seo agus tá **an-spéis** agam sna hábhair sin. Tá na daoine eile i mo rang cairdiúil go leor agus tá cúpla cara déanta agam. Imrím sacar freisin agus is breá liom é sin. Tá súil agam go mbeidh mé ar an bhfoireann.

Pointe 5 + Críoch Caithfidh mé imeacht anois ach beidh mé ag dul go dtí an chóisir i dteach Sheáin an tseachtain seo chugainn agus buailfidh mé leat ann.

Slán Slán go fóill,
Ciarán

Step 3
Practice

Tá do thuismitheoirí tar éis aistriú tí agus anois tá tú ag freastal ar scoil chónaithe (*boarding school*). Scríobh litir chuig cara leat sa tseanscoil.

I do litir luaigh:
- Conas a mhothaíonn tú anois
- Dhá phointe eolais i dtaobh an tí nua
- Dhá phointe eolais faoin scoil nua
- Comparáid idir an scoil nua agus an tseanscoil (*a comparison*)
- Cathain a fheicfidh tú do chara arís

Topic 3 - Post samhraidh / A summer job

Step 1
Vocabulary

Cabhair

Táim ag obair in óstán / i mbialann / i siopa / in ollmhargadh / in ospidéal / i dteach tábhairne / ar fheirm / in ionad saoire / i ngaráiste	I'm working in a hotel / restaurant / shop / supermarket / hospital / pub / on a farm / in a holiday resort / a garage
Fuair m'athair / mo mháthair an post dom	My Dad / Mum got the job for me
Líon mé foirm iarratais agus chuaigh mé chuig agallamh	I filled in an application form and I went for an interview
Is freastalaí / glantóir / feighlí leanaí mé	I am a waiter / waitress / cleaner / child minder
Táim i mo sclábhaí anseo!	I'm a slave here!
Oíbrím / Bím ag obair	I work
Óna hocht / naoi / deich a chlog ar maidin go dtí a sé / seacht / hocht a chlog san oíche	From eight / nine / ten o'clock in the morning 'til six / seven / eight o'clock at night
Caithim an lá / an oíche	I spend the day / night
Ag freastal ar na custaiméirí	Serving the customers
Ag tabhairt aire do pháistí	Minding children

Cabhair

Ag tógáil airgid	Taking money
Ag scuabadh an urláir	Sweeping the floor
Ag líonadh na seilfeanna	Filling the shelves
Ag praghsáil earraí	Pricing goods
Ag ní na ngréithe	Washing dishes
Ag cóiriú leapacha	Making beds
Ag déanamh tae agus caife	Making tea and coffee
Ag eagrú cluichí do na páistí	Organising games for the children
Ag glanadh carranna	Washing cars
Ag deisiú carranna	Fixing cars
Bím do mo mharú féin!	I kill myself!
Is maith / breá / aoibhinn liom an obair	I love the work
Is fuath / gráin liom an post	I hate the job
Spéisiúil / taitneamhach / leadránach / tuirsiúil	Interesting / enjoyable / boring / tiring
Faighim deich euro san uair	I get ten euro per hour
Tá an t-airgead go maith / ceart go leor / go dona	The money is good / alright / bad
Cuirim mo phá i dtaisce sa bhanc	I save my pay in the bank
Caithim m'airgead ag an deireadh seachtaine	I spend my money at the weekend
Téim ag siopadóireacht / amach le mo chairde	I go shopping / out with my friends
Ba mhaith liom rothar nua a cheannach ag deireadh an tsamhraidh	I'd like to buy a new bicycle at the end of the summer
Ba mhaith liom dul ar saoire roimh dheireadh an tsamhraidh	I'd like to go on holiday before the end of the summer

Step 2

Sample letter

Tá post samhraidh faighte agat sa bhaile. Scríobh litir chuig do chara atá ina c(h)ónaí i Meiriceá ag insint dó / di ina thaobh.

I do litir luaigh:
- An cineál oibre atá á déanamh agat
- Rud amháin faoi na daoine atá ag obair leat
- Rud amháin a thaitníonn leat faoin bpost
- Rud amháin nach dtaitníonn leat faoin bpost
- Píosa nuachta amháin faoin teaghlach

Seoladh: 3 Sráid Uí Chinnéide
Sligeach

Dáta: 10 Meitheamh

Beannú: A Shíle, a chara,

Tús: Beatha agus sláinte ó Shligeach! Conas atá gach duine thall ansin? Tá súil agam go bhfuil sibh go léir i mbarr na sláinte. Abair le do thuismitheoirí go raibh mé ag cur a dtuairisce.

Lár

Pointe 1 Bhuel, fan go gcloise tú! Tá post faighte agam san ollmhargadh áitiúil don samhradh. Thosaigh mé ag obair ann seachtain ó shin agus is breá liom é. Scuabaim an t-urlár agus líonaim na seilfeanna. Dúirt an bainisteoir go mbeidh mé ag obair ar an scipéad cláraithe i gceann míosa. Oibrím óna naoi ar maidin go dtí leathuair tar éis a cúig um thráthnóna.

Pointe 2 Tá na daoine ag obair liom an-deas ar fad. Bhí siad an-chairdiúil agus cabhrach liom ar an gcéad lá. Tá beirt bhuachaillí ag obair liom agus tá siad an-ghreannmhar, bíonn siad i gcónaí ag pleidhcíocht liom ar an urlár.

Pointe 3+4 Faighim ocht euro san uair. Cuirim cuid den airgead sa bhanc agus caithim an chuid eile ag an deireadh seachtaine. Is iontach go deo é a bheith ábalta dul amach nó ag siopadóireacht leis an airgead sin. Tá a lán éadaí nua agam. Ní théim amach go rómhinic, áfach, mar go bhfuil an obair an-tuirsiúil agus bím tuirseach traochta caite amach tar éis an lae – sin an t-aon rud amháin nach dtaitníonn liom faoin bpost – bím i mo sheasamh ar feadh an lae.

Pointe 5 Ar chuala tú go raibh leanbh ag mo dheirfiúr Cáit? Daithí is ainm don leanbh agus tá sé go hálainn. Tá áthas an domhain orainn go léir agus is aintín mé anois!

Críoch Caithfidh mé imeacht anois, cloisim mo Mham ag glaoch orm. Scríobh ar ais chugam go luath,

Slán le grá,
Órlaith

Step 3

Practice

Tá post samhraidh agat agus tá tú ag fanacht i dteach d'uncail. Scríobh an litir a chuirfeá chuig do thuismitheoirí ag insint dóibh i dtaobh a bhfuil ar siúl agat ann.

I do litir luaigh:
- An saghas poist atá agat
- Rud amháin faoi na daoine atá ag obair leat
- Rud amháin faoin bpost nach maith leat
- Pointe amháin faoi do shaol sóisialta ann
- Rud amháin faoin saol i dteach d'uncail

Topic 4 - Caithimh aimsire / Pastimes

Step 1

Vocabulary

Cabhair

Is breá / maith / aoibhinn liom	I love
Ag imirt / ag cleachtadh / ag traenáil	Playing / practising / training
Ag imirt peile / leadóige / sacair / cispheile / rugbaí / camógaíochta / haca	Playing football / tennis / soccer / basketball / rugby / camogie / hockey
Comórtas	A competition
Cluiche craoibhe / cluiche ceannais	A championship game / the final
Tá mé ar an bhfoireann…	I'm on the…team
Tá mé i mo chaptaen	I'm the captain
An duais don imreoir is fearr	The prize for best player
Ag seinm ceoil / uirlis cheoil	Playing music / a musical instrument
Seinnim / casaim	I play
Giotár / pianó / veidhlín / dord / drumaí / fliúit	Guitar / piano / violin / bass / drums / flute

Cabhair

Popcheol / rac-cheol / ceol traidisiúnta / ceol clasaiceach / miotal trom	Pop music / rock music / traditional music / classical music / heavy metal
Ar fheabhas / corraitheach / suimiúil / taitneamhach / uafásach / leadránach	Great / exciting / interesting / enjoyable / terrible / boring
Ceolchoirm / dioscó / céilí / féile / fleá cheoil	A concert / disco / céilí / festival / Irish music festival
Tá mé i mo bhall de bhanna ceoil	I'm in a band
D'fhreastail mé ar…	I attended a …
Léitheoireacht / leabhair	Reading / books
Pictiúrlann / scannáin	The cinema / films
Drámaíocht / amharclann	Drama / the theatre
Úrscéal / gearrscéal / iris	A novel / short story / magazine
Scannán grá / bleachtaireachta / uafáis / brónach / grinn	Love story / detective / horror / sad / funny
Físeáin	Videos
Cluichí ríomhairí / an tIdirlíon	Computer games / the Internet
Cláir	Programmes
Clár faisin / grinn / sraithscéal / sobaldráma / cláir spóirt / tráth na gceist / cláir cheoil	A programme on fashion / humour / a series / a soap / sport / a quiz / music
Bhí sé ar siúl sa…	It was on in…
Halla pobail / ionad spóirt / sa pháirc áitiúil	The town hall / sports centre / local park
Réiteoir / láithreoir / aisteoir / amhránaí	Referee / presenter / actor / singer
Ócáid	An occasion
Cóisir	A party
Céiliúradh	A celebration
Bhí mé ar mhuin na muice	I was in flying form
Tá mé i mo bhall den chlub óige	I'm a member of the youth club
Turais lae	Day trips
Breithlá / bronntanas / grianghraf	A birthday / a present / a photograph
Rí rá agus rúille búille	Good fun
Atmaisféar iontach	A great atmosphere

Step 2

Sample letter

Léigh tú litir in *Foinse* ó dhuine óg atá ag lorg peannchara. Scríobh an litir a chuirfeá chuig an duine sin.

I do litir luaigh:
- Dhá rud a bhí sa litir ón duine óg
- Rud éigin faoin ngrianghraf díot féin atá á sheoladh agat
- Dhá rud fút féin agus do shaol

Seoladh: Sráid Thomáis
An Uaimh
Co. na Mí

Dáta: 4 Meán Fómhair

Beannú: A Sheáin, a chara,

Tús: Beatha agus sláinte ó Chontae na Mí. Tá súil agam go bhfuil tú i mbarr na sláinte. Daithí de Paor is ainm dom agus léigh mé do litir in 'Foinse' an tseachtain seo caite.

Lár

Pointe 1 Deir tú sa litir go bhfuil peannchara á lorg agat. Deir tú gur buachaill sé bliana déag tú agus go bhfuil tú i do chónaí i Loch Garman. Chuir mé suim i do litir nuair a léigh mé go raibh suim agat sa pheil Ghaelach.

Pointe 2 Tá grianghraf díom féin leis an litir seo. Tógadh é nuair a bhí mé féin agus mo theaghlach ar saoire i Sasana an samhradh seo caite. Chaitheamar dhá sheachtain i Londain. Is féidir leat Buckingham Palace a fheiceáil sa ghrianghraf sin.

Pointe 3 Is breá liomsa peil Ghaelach freisin. Táim ar an bhfoireann ar scoil. Táim i mo chaptaen. Téimid ag traenáil dhá uair sa tseachtain agus anuraidh bhuamar an chraobh. Is maith liom féachaint ar an teilifís freisin. An mbíonn tú ag féachaint ar an gclár teilifíse 'Scrubs'? Bhí mé ag féachaint air aréir agus bhí sé an-ghreannmhar. Céard a dhéanann tú i d'am saor?

Críoch Caithfidh mé imeacht anois, ach ba bhreá liom tú a bheith mar pheannchara agam. Scríobh ar ais chugam go luath!

Slán Slán go fóill,
Daithí de Paor

Step 3
Practice

Is ball de bhanna ceoil tú. Bhí do chéad cheolchoirm agat le déanaí. Scríobh an litir a chuirfeá chuig cara leat ag insint dó / di ina thaobh.

I do litir luaigh:
- An saghas banna ceoil atá i gceist
- An fáth ar roghnaigh sibh an t-ainm atá ar an mbanna
- An réamhchleachtadh a rinne sibh
- Conas a tharla sé go raibh sibh páirteach sa cheolchoirm
- Pointe amháin faoin gceolchoirm féin

An Litir Fhoirmiúil

The Formal Letter

- You would write a formal letter to a newspaper, radio show, TV show, teacher, manager...
- The formal letter is directed at someone who you don't know well.
- The layout is slightly different to that of a personal letter, have a look at example below:

1 *D'ainm & seoladh (Your name & address)*
2 *An dáta (The date)*

3 *Ainm & seoladh an duine eile (Name & address of whom you're writing to)*

4 *Beannú (Greeting)*
5 *Tús na litreach (Beginning)*

6 *Corp na litreach (3-4 pointí)*

7 *Críoch na litreach (Ending)*

8 *Slán (Signing off)*

Useful phrases

Foclóir

Official title of the person to whom you're writing

An tEagarthóir	The Editor
An Ceannasaí Clár	The Head of Programming
An Bainisteoir	The Manager
An Príomhoide	The Principal
An tAire Oideachais / Spóirt…	The Minister for Education / Sport…

Beannú

A dhuine uasail	Dear sir / madam
A chara	

Tús

_____ is ainm dom	My name is _____
Is scoláire dara léibhéal mé	I'm a second level student
Táim ag scríobh thar ceann mo ranga féin	I'm writing on behalf of my own class
Táim ag scríobh chugat chun gearán a dhéanamh	I'm writing to you to make a complaint
Chun comhghairdeas a dhéanamh le do pháipéar nuachtáin / do chlár teilifíse	To congratulate your newspaper / your TV programme
I dtús báire, caithfidh mé a rá….	Firstly, I must say…

Deireadh

Bheinn buíoch díot dá bhfoilseofá an litir seo	I would be grateful if you would publish this letter
Mise le meas…	Yours faithfully…

Three formal letters will be dealt with in this section:
- A job application
- A complaint
- A letter to a newspaper discussing an issue concerning young people

1. Litir iarratais ar phost / A job application

Step 1

Vocabulary

Cabhair

Ba mhaith liom cur isteach ar an bpost seo	I would like to apply for this job
Ba bhreá liom a bheith i mo…	I would love to be a …
Is aoibhinn liom bheith ag obair le…	I love working with…
Tá taithí agam ar a bheith ag…	I have experience of…
Tá mé go maith ag…	I'm good at…
Tá an-spéis agam i…	I'm very interested in…
Suimiúil / taitneamhach / difriúil / dúshlánach	Interesting / enjoyable / different / challenging
Triail a bhaint as	To try
Ba mhaith liom triail a bhaint as	I would like to try
Buanna	Gifts / talents
Is duine macánta / cineálta / cairdiúil / stuama mé	I am an honest / kind / friendly / sensible person
Tá pearsantacht thaitneamhach agam	I have a good personality
Tá mé uaillmhianach / sciliúil / cliste / cumasach / dílis	I am ambitious / skillful / clever / capable / loyal
Réitím go han-mhaith le daoine / páistí / hainmhithe	I get on very well with people / children / animals
Má thugann tú an post dom geallaim duit go ndéanfaidh mé mo dhícheall	If you give me the job I promise you that I will do my best
Beidh mé ag súil le cloisteáil uait	I will be looking forward to hearing from you

Step 2

Sample letter

Tá post samhraidh fógartha ar an nuachtán. Scríobh litir iarratais ag míniú an fáth ar cheart an post a thabhairt duitse.

Do sheoladh: 119 Sráid Mhichíl
Trá Lí
Co. Chiarraí

Dáta: 13 Bealtaine

Ainm & seoladh an duine eile
An Bainisteoir
Comhairle Chontae Chiarraí
Trá Lí
Co. Chiarraí

Beannú   A dhuine uasail,

Tús   Ba mhaith liom iarratas a chur isteach ar an bpost mar rúnaí a fógraíodh i nuachtán an lae inniu.

Fút féin / About yourself   Is dalta meánscoile mé, sé bliana déag d'aois. Táim ag staidéar don Teastas Sóisearach i mbliana. Is aoibhinn liom spórt agus ceol. Seinnim an giotár agus tá mé i mo bhall de bhanna ceoil.

Taithí / Experience   Níl taithí agam mar rúnaí ach ba mhaith liom cúrsa gnó a dhéanamh nuair a fhágfaidh mé an scoil. Tá ríomhaire agam sa bhaile agus tá mé in ann próiseálaí focal a úsáid. Tá mé ábalta ríomhphost a sheoladh freisin. Bhí post agam an samhradh seo caite san ollmhargadh áitiúil. Thaitin sé go mór liom agus chaith mé an t-am ag líonadh na seilfeanna agus ag scuabadh an urláir.

Críoch   Má thugann tú an post dom geallaim duit go ndéanfaidh mé mo dhícheall. Beidh mé ag súil le cloisteáil uait,

Slán   Is mise le meas,
Cáit Ní Ghearailt

Step 3

Practice

Tá duine óg á lorg ag TG4 chun cláir thaitneamhacha do dhéagóirí a chur i láthair. Scríobh an litir iarratais ar an bpost sin a chuirfeá chuig Ceannasaí TG4, Baile na hAbhann, Co. na Gaillimhe.

I do litir luaigh:
- Rud éigin faoin bhfógra ó TG4 a bhí ar an nuachtán
- Dhá rud faoi na cineálacha clár ba mhaith leat a chur i láthair
- Dhá bua speisialta is dóigh leat atá agat féin maidir leis an gcineál oibre atá i gceist

2. Ag déanamh gearáin / Making a complaint

Step 1
Vocabulary

Cabhair

Tá mé ag scríobh chugat chun gearán a dhéanamh	I'm writing to you to complain
Táim an-mhíshásta leat / le do stáisiún / le do nuachtán / le d'iris / leis an rialtas	I'm very unhappy with you / your station / your newspaper / your magazine / the government
Léim do nuachtán / féachaim ar do chlár go minic	I read your newspaper / watch your programme often
D'fhoilsigh sibh alt le déanaí a bhain le cúrsaí…	You published an article recently that had to do with…
Chraol sibh clár le déanaí a bhain le cúrsaí…	You broadcast a programme recently that had to do with…
Dúirt … san alt go raibh…	…said in the article that…
Cúrsaí ceoil / spóirt	Music / sport
Daoine óga / drugaí / alcól / scoláirí	Young people / drugs / alcohol / students
Ar an gcéad dul síos	Firstly
Ba mhaith liom a rá	I would like to say

Cabhair

Caithfidh mé a rá	I must say
Go huile is go hiomlán	Completely and utterly
Chomh maith leis sin	As well as that
Aontaím / Ní aontaím leis sin	I agree / don't agree with that
Níl sa mhéid sin ach ráiméis!	That's a load of rubbish
Mar is eol do chách	As everyone knows
Agus rud eile	And another thing
Caighdeán na gclár	The standard of the programmes
Ráiteas	A statement
Tá súil agam go mbeidh athrú ar an scéal	I hope that that will change
Déan cinnte go mbeidh…	Make sure that there will be…

Step 2

Sample letter

Scríobh litir chuig páipéar nuachta ag gearán faoi alt a foilsíodh sa nuachtán le déanaí faoi dhéagóirí na tíre.

Cabhair

Nach dtuigeann scríbhneoir an ailt	That the writer of the piece doesn't understand
Ag iarraidh post a fháil	Trying to get a job
Pá íseal	Low pay
Chun airgead a shaothrú	To save money
Seachtain nó dhó	A week or two
Saol bog	An easy life
De shíor	Always

Do sheoladh: 11 Bóthar Naomh Tomás
Baile Átha Cliath
Dáta: 3 Deireadh Fómhair

Ainm & seoladh an duine eile
An tEagarthóir
Foinse
Baile Átha Cliath 2

Beannú A Eagarthóir, a chara,

Tús Ar an gcéad dul síos ba mhaith liom a rá go léim do pháipéar nuachta gach seachtain agus go mbainim an-taitneamh as. Caithfidh mé a rá, áfach, go raibh díomá an domhain orm nuair a chonaic mé an t-alt le déanaí faoi dhéagóirí na tíre.

Lár
Do phointí Ceapaim nach dtuigeann scríbhneoir an ailt déagóirí na tíre ar chor ar bith. Bíonn saol fíordheacair acu ag staidéar ó mhaidin go hoíche. Bím féin ag déanamh m'obair bhaile go dtí a deich a chlog de ghnáth. Ansin, bím róthuirseach chun féachaint ar an teilifís. Gach samhradh téann na mílte déagóir ag iarraidh post a fháil. Go minic ní éiríonn leo agus uaireanta freisin faigheann siad pá íseal. Gach samhradh bíonn orm féin post a fháil chun airgead a shaothrú. Ag deireadh an tsamhraidh bíonn seachtain nó dhó saor agam agus ansin bíonn orm filleadh ar an scoil arís. Ní féidir a rá go bhfuil saol bog ag déagóirí. Ceapann daoine go bhfuil déagóirí de shíor ag imirt spóirt agus ag baint taitnimh as an saol. Ní fíor sin ar chor ar bith. Féach ar an mbrú atá orainn – ar scoil agus sa bhaile! Cuireann múinteoirí agus tuismitheoirí brú uafásach ar dhéagóirí inniu.

Críoch Bheinn buíoch díot dá bhfoilseofá an litir seo,

Slán Is mise le meas,
Eilís Ní Shúilleabháin

Practice

Léigh tú alt i nuachtán Gaeilge faoin ábhar 'Tá an óige imithe ó smacht'. Scríobh an litir a chuirfeá chuig eagarthóir an nuachtáin i dtaobh a raibh san alt sin.

I do litir luaigh:
- Dhá mhórphointe a bhí san alt ar an ábhar
- Dhá thuairim uait féin ar an ábhar
- Pointe amháin eile faoin alt

3. Litir a bhaineann le daoine óga (Issues concerning young people)

Step 1

Vocabulary

Cabhair

Táim ag scríobh na litreach seo chun…a phlé	I'm writing this letter to discuss…
Táim ag scríobh na litreach seo chun d'aird a dhíriú ar…	I'm writing this letter to draw your attention to…
Fadhb mhór is ea …	…is a big problem
Easpa áiseanna / an dífhostaíocht / an imirce / an bhochtaineacht / an truailliú / an trácht / drugaí / alcól	Lack of facilities / unemployment / emmigration / poverty / pollution / traffic / drugs / alcohol
I measc daoine óga / sa tír seo / in Éirinn / sa cheantar seo / sa scoil seo	Among young people / in this country / in Ireland / in this area / in this school
Ar an gcéad dul síos / sa dara háit / mar fhocal scoir	Firstly / secondly / as a parting word
Caithfidh mé a rá / is oth liom a rá / ní gá dom a rá	I have to say / I regret to say / I don't need to say
Tá an fhadhb ag dul in olcas / imithe ó smacht	The problem is getting worse / is out of control
Cuireann sé déistin orm	It disgusts me

Cabhair

Níl sé ceart ná cóir	It's not right
Ba cheart dúinn…	We should…
Ba cheart don rialtas…	The government should…
Iarraimid ort	We ask you
Aghaidh a thabhairt ar an bhfadhb seo	Face this problem
An fhadhb seo a réiteach	To solve this problem

Step 2

Sample letter

Scríobh litir thar ceann do rangsa chuig príomhoide na scoile faoi na háiseanna spóirt sa scoil.

Cabhair

Fíorthábhachtach	Very important
Cuir i gcás	Take for example
Chuardaíomar	We searched
Fiú	Even
Cleachtadh coirp	Exercise
Go háirithe	Especially
An t-ábhar seo a phlé	To discuss this matter

Do sheoladh: Rang 3B
Pobalscoil na Manach
Baile Átha Cliath
Dáta: 22 Feabhra

Ainm & seoladh an duine eile
An Príomhoide
Pobalscoil na Manach
Baile Átha Cliath

Beannú A Phríomhoide, a chara,

Tús Tomás Mac an Iomaire is ainm dom agus táim ag scríobh thar ceann rang 3B.

Lár
Do phointí Ar an gcéad dul síos, ba mhaith liom a rá go bhfuil spórt fíorthábhachtach do dhaltaí scoile inniu. Tá siad faoi bhrú an obair bhaile a chríochnú agus staidéar a dhéanamh agus mar sin ba cheart go mbeadh áiseanna spóirt i ngach scoil. Is oth liom a rá, áfach, go bhfuil easpa áiseanna sa scoil seo agus ceapaimid – daltaí na scoile seo, gur cheart duit aghaidh a thabhairt ar an bhfadhb.

Cuir i gcás Dé hAoine seo caite. Bhí orainn cluiche cispheile a imirt in aghaidh scoil eile agus ní raibh liathróid le fáil sa halla spóirt. Chuardaíomar an halla agus an seomra gléasta ach ní raibh liathróid ann. Nuair a chuireamar ceist ar an múinteoir Corpoideachais dúirt sé nach raibh ach liathróid amháin sa scoil. Bhí foireann eile ag imirt an lá sin agus mar sin ní raibh aon liathróid againn.

Chomh maith leis sin, nuair a bhíonn rang Corpoideachais againn bíonn orainn dul amach sa pháirc fiú nuair a bhíonn an aimsir go dona. Níl halla spóirt againn sa scoil agus mar sin ní bhíonn seans againn a lán spóirt a imirt i rith an gheimhridh.

Críoch Tá cleachtadh coirp tábhachtach do dhaoine óga inniu, go háirithe nuair a chaitheann siad a lán ama ag staidéar gach oíche. Iarraimid ort áiseanna spóirt na scoile a fheabhsú go luath. Bheadh áthas orainn an t-ábhar seo a phlé aon uair is féidir leat,

Slán Is mise le meas,
Tomás Mac an Iomaire

Step 3

Practice

Tá an trácht ar na bóithre go dona i do cheantar féin agus tá sé ag cur as go mór do mhuintir na háite, tú féin ina measc. Scríobh an litir a chuirfeá chuig eagarthóir nuachtáin Ghaeilge faoin ábhar seo.

I do litir luaigh:
- Conas a chuireann an trácht as duit féin mar dhalta scoile
- Dhá shlí eile ina gcuireann an trácht as do mhuintir na háite
- Cúis amháin a bhfuil an trácht go dona sa cheantar, dar leatsa
- An réiteach a mholfá féin chun feabhas a chur ar an scéal

Key Points to Remember

- **Re-cap:** remember to read back over your letter at the end to make sure that you have included the address, date, greeting and sign-off.
- **Length:** keep to half an A4 page in length and focus on the key points.
- **Vocabulary:** make sure to learn the words and phrases in this chapter in preparation for the exam.

Plean Staidéir

Study Plan

In this section you will find a useful study plan, which will help you plan out your revision in preparation for the exam.

The study plan allows you allocate a specific date and time to revise each area of the Irish course.

The study plan also includes a handy 'night before' revision section. This feature will be useful for planning the key areas to look over on the night before your exam.

Remember, it is very important to organise regular revision to make sure that you don't leave it all until the last minute. By using the Edco study plan you can make sure that you cover all the key topics at regular intervals before the exam.

Go n-éirí libh!

Study Plan

Date				
Time				
Section to be revised				

Date				
Time				
Section to be revised				

Date				
Time				
Section to be revised				

Date				
Time				
Section to be revised				

Date				
Time				
Section to be revised				

Date				
Time				
Section to be revised				

Night before exam

Sections to be revised

Study Plan

Date				
Time				
Section to be revised				

Date				
Time				
Section to be revised				

Date				
Time				
Section to be revised				

Date				
Time				
Section to be revised				

Date				
Time				
Section to be revised				

Date				
Time				
Section to be revised				

Night before exam	
Sections to be revised	

Study Plan

____ Date

____ Time

Section to be revised

____ Date

____ Time

Section to be revised

____ Date

____ Time

Section to be revised

____ Date

____ Time

Section to be revised

____ Date

____ Time

Section to be revised

____ Date

____ Time

Section to be revised

Night before exam

Sections to be revised

Study Plan

Date				
Time				
Section to be revised				

Date				
Time				
Section to be revised				

Date				
Time				
Section to be revised				

Date				
Time				
Section to be revised				

Date				
Time				
Section to be revised				

Date				
Time				
Section to be revised				

Night before exam	
Sections to be revised	

Study Plan

Date

Time

Section to be revised

Date

Time

Section to be revised

Date

Time

Section to be revised

Date

Time

Section to be revised

Date

Time

Section to be revised

Date

Time

Section to be revised

Night before exam

Sections to be revised